DORIS FLURY

vegan EAT GOOD BEAUTY FOOD

südwest+

INHALT

HAUPTGERICHTE UND PASTA

SWEETS

BASICS

BEAUTY-REZEPTE

»EAT GOOD BEAUTY FOOD« MIT MRS FLURY

Sich einfach glücklich und schön essen – ganz so leicht ist dies nicht, aber mit den Rezepten und Tipps in meinem Buch möchte ich euch gern zu einer gesunden Ernährung inspirieren, die euch von innen strahlen lässt und mit jedem Bissen glücklich macht.

Hallo, ich bin Doris, und manche von euch kennen mich vielleicht bereits von meinem Blog und meinen Social-Media-Kanälen als Mrs Flury. Ich bin Ernährungswissenschaftlerin und lebe mit meiner Familie in der Schweiz in der Nähe von Basel. Im Frühjahr 2021 habe ich mein erstes Kochbuch veröffentlicht – es enthält einfache pflanzliche Rezepte mit maximal sechs Zutaten. Die positiven Rückmeldungen zu diesem Buch haben mich motiviert, ein neues Buchprojekt in Angriff zu nehmen, und ich freue mich sehr, jetzt weitere unglaublich leckere und nahrhafte Gerichte mit euch zu teilen. Alle Rezepte sind wieder unkompliziert in der Zubereitung und ohne lange Zutatenliste und sie schmecken der ganzen Familie. Zudem gehe ich in diesem Buch speziell auf die Effekte ein, die eine gesunde, ausgewogene Ernährung und Nährstoffe auf unseren Körper haben.

Zuerst kurz etwas über mich. Ich bin als jüngstes von drei Mädchen in Oberösterreich geboren, eine Region mit schönen Seen und Gebirgslandschaften. Durch meine Familie habe ich bereits früh ein Interesse für Ernährung und deren Zusammenhängen mit Gesundheit und Wohlbefinden entwickelt. Meine Mutter hat für ihre Zeit immer sehr modern gekocht und vollwertige Lebensmittel in den Vordergrund gestellt. Was auch immer es bei uns zu Hause gab, ein großer Salat oder eine Gemüsebeilage waren jedes Mal dabei. Von ihr habe ich auch gelernt, dass es einfach ist, schnell ein gesundes Gericht mit wenigen Zutaten zu kochen.

Nach einer überraschenden Krankheit meines Vaters hat sich dieser noch intensiver mit seiner Gesundheit und Ernährung beschäftigt. Viel grünes Gemüse, Hülsenfrüchte, Proteine und gesunde Fette standen von da an täglich auf seinem Speiseplan. Ich teilte sein Interesse für gesunde Ernährung schon immer und begann selbst früh, in der Küche zu experimentieren. Später habe ich mich für das Studium der Ernährungswissenschaften an der Universität Wien entschieden, um noch mehr über die Zusammenhänge zwischen Ernährung und Gesundheit zu lernen.

MEINE LEIDENSCHAFT: GESUNDE, PFLANZENBASIERTE ERNÄHRUNG

Bereits als Kind war ich eine »Beilagenesserin«; die feinen, meist vegetarischen Zugaben haben mir immer mehr geschmeckt als Fleisch oder Fisch. Nach meinem Umzug nach Wien war ich auch in der Küche das erste Mal auf mich allein gestellt und wurde Vegetarierin.

In der kleinen Küche in meiner Studentinnenwohnung mit wenig Equipment legte ich den Grundstein für meine Leidenschaft, einfache und gesunde Gerichte zu kreieren. Ich liebe es zu kochen und zu backen, konnte mich dabei aber nie an Rezepte aus Kochbüchern halten, die mir oft zu süß oder fettig waren. Lieber habe ich meine eigenen Gerichte auf der Basis nährstoffreicher pflanzlicher Zutaten und mit einer gesunden Komponente erschaffen.

Mit dem Umzug zu meinem Mann in die Schweiz und der Gründung einer Familie hat die Ernährung eine noch größere Bedeutung bekommen. Plötzlich war ich nicht nur für mich, sondern auch für das Wohl und die Gesundheit meiner Kinder verantwortlich. Ich habe, inspiriert von meiner Kindheit, weiter nach dem Prinzip gekocht, dass die Basis unserer Gerichte pflanzlich ist, und beziehe meine Kinder viel in die Zubereitung ein. Da ich in meinem Umfeld häufig nach meinen Rezepten gefragt wurde, rief ich 2014 meinen Blog mrsflury.com und meinen eigenen YouTube-Kanal ins Leben. Was als persönliche Rezeptsammlung begann, erreichte mit der Zeit immer mehr Leserinnen und Leser, und ich freue mich sehr, meine Rezepte jetzt auch in Buchform mit euch zu teilen.

Wie in meinem ersten Buch basieren auch hier die Rezepte auf vollwertigen, pflanzlichen Zutaten und können mit wenig Aufwand zubereitet werden. Gern möchte ich zudem auf den Nutzen einer pflanzenbasierten Ernährung und wichtiger Nährstoffe für unsere Gesundheit und unser Wohlbefinden eingehen. So stelle ich euch bei jedem Rezept einen besonderen Inhaltsstoff vor und verrate euch, wie dieser von innen für ein strahlendes Äußeres sorgt.

Es hat mir viel Freude bereitet, die Rezepte für das Buch zu entwickeln. Ich hoffe, sie inspirieren euch, mehr pflanzliche, nährstoffreiche Zutaten in eure Ernährung einzubauen. Ich hoffe natürlich auch, dass ihr meine Rezepte mögt, und freue mich auf eure Rückmeldungen!

Alles Liebe
eure

Doris

GUT ESSEN UND GLÜCKLICH SEIN

Über unser Glück können wir zum Großteil selbst bestimmen, wenn wir nur achtsam mit uns umgehen. Eine pflanzenbasierte Ernährung kann uns dabei unterstützen und wirkt sich positiv auf unser Gemüt, unsere Gesundheit und die Umwelt aus. Auch kleine Schritte können viel bewirken – also: Legt los!

Meine Ernährung folgt dem Prinzip »Eat Good Food«, was für mich bedeutet, mich vorwiegend pflanzlich und mit möglichst unverarbeiteten Lebensmitteln zu ernähren. Was aber sind die Vorteile einer pflanzlichen Ernährung für die Gesundheit und das Wohlbefinden, was solltet ihr dabei beachten?

Pflanzliche Lebensmittel wie Obst und Gemüse haben eine hohe Nährstoffdichte, d.h., sie liefern wenig Kalorien bei einem hohen Gehalt an pflanzlichen Proteinen, gesunden Fetten, sekundären Pflanzenstoffen und Antioxidantien. Nüsse, Samen und Kerne versorgen uns ebenfalls mit wichtigen Nährstoffen. Für eine ausgewogene Ernährung lasse ich auch keinen Makronährstoff aus, denn unser Körper ist dazu gemacht, Proteine (Eiweiß), Kohlenhydrate und Fette zu verwerten.

POWER MIT KOHLENHYDRATEN

Für einen gesunden Körper, Energie und gute Laune brauchen wir Kohlenhydrate. Sie stellen die größte Gruppe der Makronährstoffe dar und sind in Gemüse, Früchten, Getreide, Saaten, Samen und Kernen enthalten. Sie bevorzugt unser Körper für die Energiegewinnung: Er zerlegt sie in kleinere Bausteine, die Glukose, die entweder sofort für geistige und körperliche Energie herangezogen oder als Glukose in der Leber und als Glykogen im Muskel gespeichert wird. Ohne ausreichende Kohlenhydratzufuhr fühlen wir uns schlapp und ausgepowert.

VOLLWERTIGE KOHLENHYDRATE IN PFLANZEN

Am schnellsten gewinnen wir Energie aus Früchten, die einfache Kohlenhydrate wie Glukose und Fruktose im Verbund mit Ballaststoffen enthalten. Nehmen wir diese auf nüchternen Magen zu uns, werden sie sehr schnell verdaut und liefern sofort Energie. Nicht umsonst ist deshalb die Banane ein beliebter Snack vor dem Sport. Wer morgens noch nichts essen mag, kann sich für schnelle Energie auch einen Smoothie mit Früchten mit zur Arbeit nehmen.

Wurzelgemüse wie Karotten, Süßkartoffeln oder Pastinaken wachsen unter der Erde und speichern so auch komplexe Kohlenhydrate und weitere Nährstoffe. Diese Mehrfachzucker, die im Gegensatz zu einfachen Kohlenhydraten aus langen Zuckermolekülketten bestehen, verleihen dem Gemüse eine angenehme Süße und Nährstoffdichte, die ich gern für meine Rezepte nutze.

Blattgemüse und restliches Gemüse wächst über der Erde und speichert dadurch die Energie der Sonne, liefert neben Kohlenhydraten auch Vitamine und viele Antioxidantien.

Kohlenhydratquellen wie Getreide und Saaten (Buchweizen, Hirse, Dinkel, Reis oder Haferflocken) liefern auch Vitamine der B-Gruppe sowie Mineralstoffe, die für den Energiestoffwechsel benötigt werden. Am besten werden Getreide und Körner in möglichst vollwertiger, unverarbeiteter Form genossen, etwa als Flocken, ganzes Korn oder vermahlen als Vollkornmehl. So liefern Körner einen hohen Anteil an löslichen Ballaststoffen, was gut für unsere Verdauung ist. Der Effekt ist z.B. bei Haferflocken gut zu sehen: Die Ballaststoffe bewirken die typische Cremigkeit, wenn die Flocken mit Flüssigkeit zu einem Porridge gekocht werden. Auch für die Sättigung haben vollwertige, möglichst wenig bearbeitete Kohlenhydratquellen einen großen Vorteil. Wir haben bei Vollkorngetreide und Saaten mehr und länger zu kauen als bei isolierten Kohlenhydraten; wir sind länger satt. Heißhunger kann so vermieden werden.

WENIGER VERARBEITETE KOHLENHYDRATE

Anders ist dies bei einfachen Kohlenhydraten aus hellen Mehlen, fertigen Frühstückscerealien, weißem Reis und weiteren Produkten. Durch die Verarbeitung wurden wertvolle Vitamine, Mineralien und Ballaststoffe entfernt. In vielen fertigen Produkten werden einfache Kohlenhydrate mit Fett oder zu viel Salz kombiniert. Daraus resultiert ein Zuviel an Kalorien, während dem Körper andererseits notwendige Vitamine, Mineralien, Spurenelemente und sekundäre Pflanzenstoffe fehlen. Industriell isolierte Kohlenhydrate lassen den Blutzucker rasch ansteigen und bald wieder sinken. Und nach diesem Energietief sind wir dann schnell wieder schlapp und brauchen das nächste Hoch.

Einfache Kohlenhydrate in Form von Industriezucker, hellem Mehl oder Reis sollten deshalb eine Ausnahme auf dem Teller bleiben. Ich empfehle, Kohlenhydrate möglichst immer in ihrer natürlichen Form zu konsumieren, also als ganzes Korn, Frucht und Gemüse. So sind unverarbeitete Produkte mit einfachen Zuckern wie Früchte sehr wertvolle Bestandteile einer ausgewogenen Ernährung, da diese zusätzlich essenzielle Nährstoffe, sekundäre Pflanzenstoffe und Ballaststoffe liefern. Wenn wir uns grundsätzlich ausgewogen ernähren und auf vollwertige Kohlenhydratquellen (Gemüse, Körner, Früchte) zurückgreifen, kommt es in der Regel nicht zu einem Zuviel an Kohlenhydraten und Kalorien.

SCHÖN UND STARK MIT PROTEINEN

Proteine (Eiweiß) sind nicht nur Energielieferanten, sie sind auch für alle Aufbau- und Bildungsprozesse im Körper verantwortlich. Unsere Muskeln, Haut, Haare, Nägel sind aus Proteinstrukturen aufgebaut. Stoffwechselprozesse laufen nur mit Proteinen als Bestandteil von Hormonen und Enzymen ab. Von den drei Hauptnährstoffen sättigen Proteine am besten. Ist unser »Proteinhunger« gestillt, hören wir auf zu essen und sind schneller satt und zufrieden.

Proteine setzen sich wiederum aus Aminosäuren zusammen. In den meisten Nahrungsproteinen kommen die 20 für uns relevanten Aminosäuren vor. Acht Aminosäuren gelten dabei als essenziell, eine weitere Aminosäure ist semi-essenziell. Essenziell bedeutet, dass der Körper diese Aminosäuren nicht selbst herstellen kann, sondern sie zwingend über die Nahrung aufnehmen muss.

WELCHE QUELLEN SIND DIE BESTEN?

Für eine Beurteilung ist es wichtig, nicht nur den Proteingehalt eines Lebensmittels zu betrachten, sondern das gesamte Nährstoffpaket. Tierische Proteinquellen liefern zwar alle essenziellen Aminosäuren, brauchen aber sehr lange, um verdaut zu werden. Dabei sind sie auch noch säurebildend, bringen zum Teil schädliche Abbauprodukte hervor und können in großer Menge blähend wirken. Wurstwaren, Fleisch oder Käse enthalten zudem keine Ballaststoffe, dafür aber meist reichlich Fett und Salz, weshalb ein übermäßiger Konsum an tierischen Produkten auch mit einem erhöhten Risiko für Bluthochdruck oder Diabetes einhergehen kann.

Im Gegensatz dazu liefern pflanzliche Proteinquellen wie Hülsenfrüchte, Sonnenblumenkerne, Kürbiskerne, andere Samen, Nüsse oder Getreide neben Eiweiß immer auch ein Rundumpaket mit Mikronähr-, Ballast- und sekundären Pflanzenstoffen.

Allerdings sind in pflanzlichen Proteinquellen nicht immer alle essenziellen Aminosäuren in ausreichender Menge enthalten. Deshalb ist es wichtig, verschiedene Proteinquellen zu kombinieren oder über den Tag zu verteilen, also z. B. Getreide mit Hülsenfrüchten oder Samen mit Sojaprodukten. Einige Beispiele für Kombinationen sind Hummus mit Sauerteigbrot (siehe S. 49), Hirse-Overnight-Oats mit Hanfsamen (siehe S. 38), Protein-Pastinakenpasta (siehe S. 89), Kichererbsen-Süßkartoffel-Eintopf (siehe S. 97) und Linsen-Dal mit Reis (siehe S. 98).

WIE VIEL PROTEIN BRAUCHEN WIR?

Die Energieträger Kohlenhydrate und Fette können wir besser speichern und bei der Energiegewinnung gegeneinander austauschen. Proteine werden weniger effizient gespeichert und müssen immer zugeführt werden. Ich achte deshalb stets auf eine Proteinkomponente bei jeder Mahlzeit und habe die Rezepte im Buch als »proteinreich« markiert, in denen über zwölf Prozent der Energie aus Proteinen stammen.

Ich rechne gern 1 Gramm Protein pro Kilogramm Körpergewicht, also für eine 60 Kilogramm schwere Person 60 Gramm Eiweiß pro Tag. Die offiziellen Empfehlungen für die Proteinzufuhr liegen zwischen 0,8 und 1 Gramm Protein pro Kilogramm Körpergewicht und hängen von verschiedenen Faktoren wie Alter, körperlicher Aktivität und dergleichen mehr ab. So haben z. B. Frauen in der Schwangerschaft und Stillzeit einen erhöhten Proteinbedarf (0,9–1,2 g/kg Körpergewicht). Menschen ab dem 65. Lebensjahr wird ebenfalls eine höhere Eiweißzufuhr empfohlen (1 g/kg Körpergewicht), und auch Athleten haben einen erhöhten Proteinbedarf, je nach Sportart zwischen 1 und 2 Gramm pro Kilogramm Körpergewicht. Darüber hinaus benötigt der Körper Proteine, um Hormone und Antikörper zu bilden. Bekommt er zu wenig Eiweiß, kann auch das Immunsystem schwächeln.

Proteine sind in größeren Mengen nicht problematisch, weshalb es keinen »Upper Level« für die maximale Zufuhr gibt. Als Upper Level (UL) wird eben jene maximale Zufuhr eines Nährstoffs bezeichnet, die selbst über eine lange Zeit hinweg ohne gesundheitliches Risiko aufrechterhalten werden kann. Es sollte allerdings auf eine abwechslungsreiche Mischkost auch mit den anderen wichtigen Nährstoffen wie komplexen Kohlenhydraten und essenziellen Fetten geachtet werden.

Die gesündesten Proteine bekommen wir mit zusätzlichen Nährstoffen aus pflanzlichen Lebensmitteln. So liefern z. B. Sonnenblumenkerne auf dem Salat reichlich pflanzliches Eiweiß, aber auch Omega-3-Fettsäuren und Vitamin E. Haferflocken im Porridge glänzen mit 13 Gramm Protein pro 100 Gramm und liefern zudem gesunde Ballaststoffe sowie B-Vitamine. Tofu im Curry ist ebenfalls eine gute Quelle für pflanzliches Protein, der Tofu enthält aber auch gesunde Fettsäuren.

PROTEINPULVER UND ANGEREICHERTE PRODUKTE – WIE SINNVOLL SIND SIE?

Bei Bio-Proteinpulvern handelt es sich um natürliche Produkte, die wie »Low Carb«-Mehle zum Backen, zum Panieren oder als Zugabe zu Müsli oder Shakes verwendet werden können. Diese gute Option, den Proteingehalt der Gerichte zu erhöhen, befürworte ich, da Proteine von den drei Hauptnährstoffen am besten sättigen. Ich empfehle jedoch, auf angereicherte oder stark verarbeitete Lebensmittel mit unklarer Herkunft der Zutaten, unnötigen Zusatzstoffen (Farbstoffe, Aromen) und Süßungsmitteln zu verzichten.

Natürliche Proteinpulver und -mehle, gewonnen aus Pflanzen wie Hülsenfrüchten, Kernen und Samen, sind dagegen ein vollwertiges Lebensmittel. Proteinmehle sind entölte, gemahlene Samen. So wird etwa aus Sonnenblumenkernen erst das Öl gepresst; anschließend wird der verbleibende Rückstand getrocknet und fein gemahlen. Ich empfehle pflanzliche Proteinmehle in Bio-Qualität auf Basis von Kürbiskernen, Sonnenblumenkernen, Leinsamen, Hanfsamen, Hülsenfrüchten oder Nüssen.

FETT IST GUT FÜR UNS

Dieser Makronährstoff hat eher einen schlechten Ruf, wir sind immer noch der Meinung, Fett ist ungesund. Dabei ist Fett essenziell und wichtig für eine schöne und geschmeidige Haut. Nahrungsfette bestehen aus sogenannten Triglyceriden, die sich aus Glycerin und drei Fettsäuren zusammensetzen. Die Fettsäure ist dabei die wichtige Komponente und kann gesättigt, einfach ungesättigt oder mehrfach ungesättigt sein.

GUTE FETTE, SCHLECHTE FETTE

Fettsäuren schützen unsere Organe und sind ein wichtiger Bestandteil von Membranen, Haut und anderen körpereigenen Substanzen. Unser Körper kann sie selbst herstellen, mit Ausnahme der Omega-3-Fettsäure Alpha-Linolensäure (ALA) und der Omega-6-Fettsäure Linolsäure (LA). Diese Fettsäuren müssen über die Nahrung aufgenommen werden.

Und kaum etwas eignet sich als Quelle so gut dafür wie Pflanzen. Sonnenblumenkerne, Kürbiskerne, Walnüsse, Mandeln, Sesamsamen, Avocados und Oliven liefern wertvolle Fettsäuren, die unser Nervensystem, unsere Konzentrations- und Leistungsfähigkeit sowie die Aufnahme der fettlöslichen Vitamine A, D, E und K unterstützen.

Zudem sind Fettsäuren Bestandteil der schützenden Phospholipidschicht der Haut. Ein Mangel an essenziellen Fettsäuren lässt unsere Haut schneller trocken und faltig aussehen. Da sie unser größtes Organ und laufend Umweltbelastungen, Hitze sowie Kälte ausgesetzt ist, ist es wichtig, sie mit essenziellen Fettsäuren und Feuchtigkeit geschmeidig zu halten.

Käse, Wurst, Fleisch und bei Raumtemperatur feste pflanzliche Öle wie Kokosöl enthalten gesättigte Fettsäuren. Sie können den Anteil des herzschützenden Cholesterins (HDL) erhöhen, darüber hinaus wird vermutet, dass sie vor Allergien schützen. Allerdings werden tierische Fette beim Erhitzen ungünstig verändert. Und da tierische Lebensmittel auch länger unverdaut bleiben, können sich beim Abbau der gesättigten Fette und Proteine schädliche Abbauprodukte bilden. So können gesättigte Fette Entzündungsprozesse im Körper fördern und Ablagerungen in den Arterien mit den bekannten Folgeerkrankungen begünstigen.

PFLANZLICHE FETTQUELLEN BEVORZUGEN

Ungesättigte Fettsäuren in Avocados, Nüssen, Kernen und Samen können wiederum den Schaden der gesättigten Fettsäuren ausgleichen: Sie hemmen Entzündungen, beugen Arterienverstopfung vor und verbessern unsere Gedächtnis- und Konzentrationsleistung. Omega-3-Fettsäuren in Leinsamen, Walnüssen, Hanfsamen oder Algen sind wirksame Entzündungshemmer. Da die daraus hergestellten Öle wie Leinöl hitzeempfindlich sind, sollten wir sie unerhitzt zu uns nehmen, z. B. als tägliche Ergänzung (1–2 Esslöffel) zu Salatdressings oder Säften (siehe S. 25).

In Sonnenblumen-, Raps- oder Distelöl sowie in Fleisch und Milchprodukten sind mehr Omega-6-Fettsäuren enthalten. Sie unterstützen eine gute Wundheilung und sind ebenfalls essenziell. Für eine gute Aufnahme ist jedoch das richtige Verhältnis der Fettsäuren zueinander wichtig. Das ideale Verhältnis von Omega-6 zu Omega-3 beträgt 3:1 bis maximal 5:1. Meist wird über die Ernährung aber ein größerer Anteil an Omega-6 aufgenommen. Ich versuche deshalb, genügend Omega-3-Fettsäuren in die Ernährung einzubauen. Gute pflanzliche Quellen sind Leinsamen, Leinöl, Chiasamen, Hanfsamen, Walnüsse und Sojaprodukte sowie Algen und daraus hergestellte Produkte.

DER PERFEKTE TELLER

Für mich ist die bestmögliche Ernährung eine ausgewogene und überwiegend pflanzenbasierte Ernährung. Dafür stelle ich meine Gerichte aus vollwertigen Lebensmitteln der drei Nährstoffgruppen Kohlenhydrate, Proteine und Fette zusammen. Bei meinem perfekten Teller bilden etwa 30 Prozent Wurzelgemüse, Kartoffeln, Getreide, Pseudogetreide oder Reis eine nährstoffreiche Basis mit komplexen Kohlenhydraten für lang anhaltende Energie. Dazu gibt es rund 35 Prozent buntes Gemüse – roh, gedämpft, gekocht oder gebraten –, das den Körper mit einer Vielzahl an Vitaminen, Mineralien, Spurenelementen, Ballaststoffen, Antioxidantien und anderen sekundären Pflanzenstoffen versorgt. Etwa 25 Prozent proteinreiche Hülsenfrüchte, Sojaprodukte, Bohnen, Samen, Kerne oder Sprossen bilden die nächste Komponente, die Energie und essenzielle Aminosäuren für die Aufbau- und Reparaturvorgänge im Körper liefert. Dazu kommen dann noch zehn Prozent hochwertige, kalt gepresste Öle, Nüsse, Kokosflocken, Samen und daraus hergestellte Produkte, die notwendige Fettsäuren für Nervensystem, Gehirnfunktion und Zellmembranen der Haut enthalten.

Meine Ernährung ist aber nicht restriktiv. Ich bin nicht perfekt und habe im Alltag oder außer Haus auch nicht immer die Möglichkeit, meinen Teller perfekt zusammenzustellen. Deshalb halte ich mich an die 80er-Regel – 80 Prozent meiner Ernährung sind abwechslungsreich und bestehen aus pflanzlichen, proteinreichen und möglichst unverarbeiteten Produkten. Die restlichen 20 Prozent sind den Gelegenheiten vorbehalten, bei denen ich mit Freunden auch einmal ein Stück Kuchen, eine Pizza, ein Eis oder ein Glas Wein genießen möchte. Wichtig ist eine gesunde Basis und dazu täglich ausreichend Flüssigkeit, damit wir uns gut und ausgeglichen fühlen. Inspirationen für eine abwechslungsreiche Ernährung, die gesund ist und sich im Alltag auch umsetzen lässt, findet ihr in den Rezeptkapiteln.

PFLANZLICHE ERNÄHRUNG IST GUT FÜR DIE VERDAUUNG

Die in pflanzlicher Kost enthaltenen Fasern unterstützen die Verdauung – ein wichtiger Vorteil gegenüber tierischen Produkten, in denen sich keine Ballaststoffe finden. Mit einer Umstellung auf mehr pflanzliche Produkte in der Ernährung ist es plötzlich einfach, die empfohlenen 30 Gramm Ballaststoffe pro Tag aufzunehmen. Ich verwende gern Hülsenfrüchte und Bohnen in meinen Rezepten und höre oft, dass diese nicht vertragen werden oder Blähungen verursachen. In der Tat enthalten Hülsenfrüchte und Bohnen schwer verdauliche Kohlenhydrate (Oligosaccharide), die die Darmbakterien bei der Verdauung vergären, was zu Blähungen führen kann. Hier mein Tipp dazu: Neue, ballaststoffreiche Lebensmittel bei Beschwerden nicht ganz vom Speiseplan streichen, sondern die Verdauung mit kleinen Mengen daran gewöhnen und die Mengen allmählich steigern. Die Darmbakterien brauchen etwas Zeit, um sich auf die ballaststoffreichen Lebensmittel einzustellen, nach einer Weile verursachen diese dann keine Beschwerden mehr. Hilfreich ist es auch, Bohnen und Hülsenfrüchte vor dem Kochen für mindestens acht Stunden einzuweichen. Beim Kochen unterstützen Kümmel, Fenchel und Koriander die Verdauung.

PFLANZLICHE ERNÄHRUNG IST GUT FÜRS GEWICHT

Ein weiterer Vorteil der pflanzlichen Ernährung ist eine hohe Nährstoffdichte bei geringer Energiedichte. So liefern Obst und Gemüse eine große Vielfalt an wichtigen Nährstoffen und haben dabei je nach Lebensmittel einen eher geringen Kaloriengehalt. Die Umstellung auf eine pflanzenbasierte Ernährung geht deshalb oft mit einem leichten Gewichtsverlust einher. Mit ihr ist es auch einfacher, das Gewicht zu halten, da pflanzliche, ballaststoffreiche Gerichte gut sättigen und das Bedürfnis nach allen wichtigen Nährstoffen befriedigen. Pflanzliche Lebensmittel wie Gemüse haben ein hohes Volumen bei geringem Kaloriengehalt – dies dehnt den Magen, und wir sind schneller satt. Durch den hohen Ballaststoffgehalt in pflanzlichen Lebensmitteln bleibt der Blutzuckerspiegel konstanter, wir sind nach einer ausgewogenen Mahlzeit weniger schnell wieder hungrig. Ein ebenfalls positiver Effekt aufs Gewicht ist auch, dass durch eine Umstellung auf pflanzliche Produkte kalorienreiche Lebensmittel wie Sahne, Wurst, Speck oder Käse größtenteils wegfallen. Dies bedeutet aber nicht, dass automatisch alle pflanzlichen Produkte gesund sind und wenig Kalorien haben. Wichtig ist es, zu möglichst unverarbeiteten Lebensmitteln zu greifen und damit leckere, bunte und sättigende Gerichte auszuprobieren. Der Griff zu veganen Schokokeksen, pflanzlichen Würstchen, pflanzlichem Aufschnitt oder anderen verarbeiteten Ersatzprodukten hat weder einen Vorteil für die Gesundheit noch für ein stabiles Gewicht.

PFLANZLICHE ERNÄHRUNG: DIESE NÄHRSTOFFE IM AUGE BEHALTEN

Eine ausgewogene, pflanzliche Ernährung versorgt unseren Körper mit essenziellen Nährstoffen und gesunden Ballaststoffen. Es gibt dennoch ein paar Nährstoffe, auf die ihr bei einer pflanzenbasierten Kost gut achten solltet, damit genügend davon aufgenommen werden.

Vitamin B12: Vitamin B12 ist der kritischste Nährstoff in der veganen und vegetarischen Ernährung und ein Sammelbegriff für Cobalamine, eine Untergruppe aus dem Vitamin-B-Komplex. Wir benötigen Vitamin B12 für den Energiestoffwechsel, die Bildung von Blutzellen und den Aufbau der Nervenzellenhüllen. Ein Vitamin-B12-Mangel äußert sich in Müdigkeit und Konzentrationsschwäche bis hin zu depressiver Verstimmung. Die Deutsche Gesellschaft für Ernährung (DGE) empfiehlt für Kinder ab 13 Jahren und Erwachsene eine tägliche Zufuhr von vier Mikrogramm Vitamin B12 pro Tag. Das Vitamin zählt zu den essenziellen Nährstoffen und ist eines der wenigen Vitamine, die unser Körper nicht selbst bilden kann. Cobalamine werden von Mikroorganismen (Bakterien) produziert, weshalb Vitamin B12 in größeren Mengen nur in tierischen Produkten (Fleisch, Eier, Milch) steckt.

Da pflanzliche Lebensmittel keine belegbare Menge an Vitamin B12 enthalten, ist es bei einer strikten, ausschließlich pflanzlichen Ernährung wichtig, das essenzielle Vitamin über angereicherte Lebensmittel (z. B. Hefeflocken, Pflanzendrinks) oder mit geeigneten, pflanzlichen B12-Supplementen zu ergänzen. Zur Vorbeugung eines Mangels sollte der Vitamin-B12-Spiegel im Blut jährlich beim Arzt kontrolliert werden.

Vitamin D: Vitamin D ist kein Vitamin im eigentlichen Sinn, da unser Körper es durch Sonneneinstrahlung in der Haut selbst herstellen kann. Durch die Eigensynthese und die Wirkung aufs Gewebe kann Vitamin D auch als Hormon eingestuft werden. Notwendig ist es für den Knochenstoffwechsel und die Kalziumaufnahme aus der Nahrung. Es fördert die Knochenbildung, indem es die aufbauenden Zellen, die Osteoblasten, stimuliert. Zudem beeinflusst Vitamin D unser Immunsystem und die Funktion der Bauchspeicheldrüse, die für die Insulinausschüttung zuständig ist.

Die DGE empfiehlt für Kinder ab 13 Jahren und Erwachsene eine tägliche Zufuhr von 20 Mikrogramm Vitamin D pro Tag ohne Eigensynthese oder Sonneneinstrahlung. Ein Mangel äußert sich bei Kindern und Jugendlichen in Form von Rachitis, bei Älteren in der Neigung zu Knochenbrüchen oder Osteoporose.

Größere Mengen Vitamin D kommen vor allem in fettem Fisch vor, geringe Mengen auch in pflanzlichen Produkten wie Pilzen, Avocados, Kakao und dunkler Schokolade. Am besten ist es, den Bedarf durch Eigensynthese über die Haut mit Sonnenschein zu decken, ohne dabei aber einen Sonnenbrand zu riskieren. Je nach Hauttyp reichen 10 bis 15 Minuten Sonneneinstrahlung aus. In den Wintermonaten kann auch eine Nahrungsergänzung mit Vitamin D oder angereicherten Lebensmitteln (z. B. Pflanzendrinks) sinnvoll sein.

Eisen: Das Spurenelement ist wichtig für unsere Gesundheit und wird für die Bildung des Hämoglobins, des roten Blutfarbstoffs, in den Blutkörperchen benötigt. Hämoglobin bindet Sauerstoff, der so über die roten Blutkörperchen im Blutkreislauf zu den Organen transportiert wird. Darüber hinaus ist Eisen wichtig für unser Immunsystem und die Gehirnfunktion. Der Bedarf richtet sich nach Alter und Geschlecht, die DGE empfiehlt für Kinder ab 13 Jahren und Frauen im menstruierenden Alter eine tägliche Zufuhr zwischen 12 und 15 Milligramm pro Tag. Ein Mangel äußert sich durch Müdigkeit, Abgeschlagenheit und ein geschwächtes Immunsystem. Das in pflanzlichen Lebensmitteln enthaltene Nicht-Häm-Eisen wird vom Körper schlechter aufgenommen und durch andere Substanzen (Oxalsäure, Phytate) gehemmt. Es hilft, eisenreiche Lebensmittel über den Tag verteilt zu essen, um die Eisenaufnahme zu unterstützen. Außerdem sollte der Eisenspiegel einmal im Jahr vom Arzt kontrolliert werden.

Eisenreiche pflanzliche Lebensmittel sind:

- Hülsenfrüchte wie Bohnen, Linsen, Erbsen, Sojabohnen und daraus hergestellte Produkte (Tofu, Tempeh, Sojadrink)
- Nüsse und Samen, besonders Kürbiskerne, Hanfsamen, Chiasamen, Sesamsamen, Sonnenblumenkerne, Leinsamen, Pistazien und Haselnüsse
- Grünes Blattgemüse und Kräuter wie Spinat, Grünkohl, Rucola, Petersilie und Basilikum
- Getreide und Pseudogetreide, besonders Haferflocken, Buchweizen, Quinoa und Hirse

Und hier noch einige Tipps, um die Eisenaufnahme über die Nahrung zu fördern:

- Mit Vitamin-C-reichen Lebensmitteln kombinieren, z. B. Himbeeren zum Haferporridge, Paprika im Quinoasalat, Hanfsamen auf dem Salat und Zitronensaft im Salatdressing.
- Hülsenfrüchte, Getreide oder Nüsse über Nacht einweichen, um die enthaltene Phytinsäure abzubauen. Diese bindet Mineralstoffe wie Eisen, Zink und Kalzium und hemmt so deren Bioverfügbarkeit.
- Eisenreiche Lebensmittel über den Tag verteilt essen, da der Körper große einzelne Dosen Eisen nicht gut aufnehmen kann.

- Kaffee und Tee im Abstand von einer Stunde zu einer eisenreichen Mahlzeit trinken.

Kalzium: Kalzium ist der häufigste Mineralstoff in unserem Körper. Es ist hauptsächlich in Knochen und Zähnen enthalten und sorgt für deren Stabilität. Daneben erfüllt Kalzium wichtige Funktionen hinsichtlich Muskelkontraktion, Nervensystem und Blutgerinnung. Die DGE empfiehlt für Erwachsene eine tägliche Zufuhr von 1000 Milligramm. Ein Mangel äußert sich z.B. in Muskelkrämpfen, brüchigen Nägeln und Haaren sowie in einer verminderten Knochendichte.

Kalziumreiche pflanzliche Lebensmittel sind:
- Grüne Gemüse wie Kohl, Rucola oder Brokkoli. Spinat und Mangold sorgen aufgrund ihrer Oxalsäure für eine geringere Bioverfügbarkeit des enthaltenen Kalziums.
- Nüsse und Samen wie Chiasamen, Leinsamen, Sesamsamen, Haselnüsse, Walnüsse und Pistazien
- Bei bestimmten Sorten kalziumreichen Mineralwassers (Etikett checken) kann der Tagesbedarf bereits mit 1,5 Litern gedeckt werden.
- Mit Kalzium angereicherte Pflanzendrinks sind ideal für die Zubereitung von Smoothies oder Müslis.
- Tofu, wenn dieser mit dem Gerinnungsmittel Kalziumsulfat hergestellt wurde (Etikett prüfen).

Um die Bioverfügbarkeit von Kalzium aus pflanzlichen Quellen zu erhöhen, gelten dieselben Tipps wie bei Eisen.

Zink: Das Spurenelement ist als Coenzym an unzähligen Stoffwechselfunktionen beteiligt und wichtig für die Wundheilung, unser Immunsystem, das Zellwachstum, die Zellteilung, den Kohlenhydratstoffwechsel und die Bildung von Proteinen. Da Zink aus pflanzlichen Quellen ähnlich wie bei Eisen und Kalzium aufgrund der enthaltenen Phytate eine schlechtere Bioverfügbarkeit aufweist, empfiehlt die DGE Erwachsenen bei hoher Phytataufnahme eine tägliche Zufuhr von rund zehn Milligramm Zink pro Tag.

Zinkreiche pflanzliche Lebensmittel sind:
- Nüsse und Samen, z.B. Kürbiskerne, Sesamsamen, Mohnsamen, Paranüsse, Mandeln, Cashewkerne und Erdnüsse
- Vollkorngetreide, Getreide und Pseudogetreide, z.B. Dinkel, Hirse, Haferflocken, Buchweizen, Quinoa
- Nährhefe und Weizenkeimlinge
- Hülsenfrüchte und Bohnen, z.B. Linsen, Kichererbsen, weiße Bohnen

Um die Bioverfügbarkeit von Zink aus pflanzlichen Quellen zu erhöhen, gelten dieselben Tipps wie bei Eisen. Bei Getreide und daraus hergestellten Broten ist die Zubereitung mit Sauerteig (siehe S.156) zu empfehlen, da hier bereits bei der Teigführung die Phytinsäure abgebaut wird.

Omega-3-Fettsäuren: Wir sind auf die Zufuhr der essenziellen Omega-3-Fettsäure Alpha-Linolensäure (ALA) und der Omega-6-Fettsäure Linolsäure (LA) angewiesen. Ein Mangel äußert sich u.a. in trockener Haut und trockenen Haaren, in brüchigen Nägeln sowie in Kopf- oder Bauchschmerzen. Linolsäure wird mit einer ausgewogenen, pflanzlichen Ernährung meist ausreichend aufgenommen. Auf eine ausreichende Zufuhr der Omega-3-Fettsäuren Alpha-Linolensäure, Eicosapentaensäure (EPA) und Docosahexaensäure (DHA) sollte aber geachtet werden.

Gute pflanzliche Quellen sind:
- Chiasamen, Leinsamen, Hanfsamen, Walnüsse, Sacha-Inchi-Nüsse
- Leinöl, Chiasamenöl, Walnussöl, Hanföl, Sacha-Inchi-Öl
- Mikroalgenöl

Es ist bekannt, dass die gesundheitsförderlichen Omega-3-Fettsäuren in Fisch (Lachs, Makrele) vorkommen. Allerdings stammen diese ursprünglich aus Mikroalgen und haben sich im Laufe der Nahrungskette im Fisch angesammelt. Mikroalgenöl ist als Ergänzung deshalb auch eine hervorragende und nachhaltige Quelle für essenzielle Fettsäuren.

AUSGEWOGEN PFLANZLICH ESSEN

In diesem Kapitel möchte ich euch meine Lieblings-Beautyzutaten vorstellen und euch verraten, was neben einer ausgewogenen Ernährung für das Wohlbefinden noch zu beachten ist.

DIESE LEBENSMITTEL LASSEN EUCH STRAHLEN

Sich einfach schön und gesund essen – das wäre toll, funktioniert so aber nicht. Dennoch kann euch die richtige Ernährung dabei unterstützen, von innen heraus zu strahlen. Ich möchte euch gern meine Lieblingszutaten vorstellen, die ich regelmäßig in meine Ernährung und viele Rezepte einbaue. Die Liste ließe sich natürlich fortsetzen: Es ist sehr wichtig, auf eine abwechslungsreiche, bunte Vielfalt auf dem Teller zu achten!

Spinat, Kohl- & Lauchgemüse: Diese Gemüse sind kalorienarm, liefern Vitamin C und Folsäure sowie andere B-Vitamine und reichlich sekundäre Pflanzenstoffe wie Chlorophyll und Beta-Carotin. Zudem sind in ihnen die wichtigen Mineralien Kalzium, Magnesium, Phosphor und Kalium enthalten, die basisch wirken und für die Regulation des pH-Werts in unserem Körper verantwortlich sind. Die Nährstoffe unterstützen die Entgiftung und fördern eine schöne Haut von innen heraus. Kalzium und Magnesium sind im Wechselspiel auch für unsere Knochen und die Regulation des Herz-Kreislauf-Systems wichtig. Eisen und Folsäure unterstützen die Zellerneuerung.

Brokkoli & Blumenkohl: Sie sorgen mit Vitamin C, Folsäure, antioxidativ wirkendem Beta-Carotin, Kalzium, Magnesium und Phosphor für einen gesunden Glow von innen. Da Vitamin C hitzeempfindlich ist, sollte das Gemüse nicht zu lange gekocht, sondern nur kurz gedämpft werden. Brokkoli kann man als Salat auch einmal roh genießen. Die Mineralstoffe wirken basisch und unterstützen die natürliche Reinigung des Körpers, die Ballaststoffe sorgen für eine gesunde Verdauung.

Artischocke: Artischocken wirken durch die Mineralstoffe Kalzium, Magnesium und Kalium entwässernd. Zudem ist in ihnen Inulin enthalten, das als Präbiotikum die guten Darmbakterien füttert, während die enthaltenen Bitterstoffe und Flavonoide die Verdauung fördern. Beta-Carotin sorgt als Vorstufe von Vitamin A für eine strahlende Haut. Für eine gute Aufnahme sollten Artischocken mit etwas Öl verzehrt werden.

Avocado: Diese einzigartige Frucht steckt voller Nährstoffe und gesunder Fette. Sie liefert reichlich Vitamin B3 (Niacin), das für den Zellstoffwechsel wichtig ist, sowie Vitamin E, das Schäden durch freie Radikale vorbeugt. Das enthaltene Vitamin K und Kalium sorgen für eine pralle Haut. Durch den hohen Bewässerungsbedarf und teilweise lange Transportwege der Frucht esse ich Avocados nur ab und zu und verwende sie ganz bewusst für bestimmte Rezepte.

Beeren: Himbeeren, Heidelbeeren, Brombeeren, Erdbeeren und Johannisbeeren sind zucker- und kalorienarm, ballaststoffreich und ein wahres Superfood für unsere Haut. Sie enthalten viel Vitamin C, das für die Kollagenproduktion benötigt wird, und sekundäre Pflanzenstoffe, die als Antioxidantien wirksam sind. Sie schützen den Körper vor dem Angriff durch freie Radikale aus UV-Licht oder der Umwelt.

Zitrusfrüchte: Ich verwende Zitrusfrüchte aus Bio-Anbau für viele Rezepte und liebe die Frische sowie das feine Aroma, das Zitronen und Orangen verleihen. Dazu enthalten diese reichlich Vitamin C, das die Haut schützt und die Bildung von Kollagen unterstützt.

Leinsamen: Die nussig schmeckenden Samen der Flachspflanze kommen seit meiner Kindheit ins Müsli und sind eine wahre Nährstoffbombe. Durch das starke Quellvermögen wirken Leinsamen verdauungsfördernd und sättigend. Sie und das daraus hergestellte Leinöl enthalten essenzielle Omega-3-Fettsäuren, was sich positiv auf die Haut auswirkt. Mein Tipp: Täglich 1 Esslöffel Leinöl in Salatdressings, in Smoothies oder in den Joghurt rühren. Das aus Leinsamen hergestellte Proteinpulver verwende ich als Zugabe zu Rezepten oder zum Backen.

Chiasamen: Die Samen der Chiapflanze sind wie Leinsamen sehr gesund und eine tolle Quelle für Ballaststoffe, essenzielle Omega-3-Fettsäuren, wichtige Aminosäuren, Vitamin E und Kalzium. Die beliebte Zubereitung als Chiapudding ist durch die quellenden Ballaststoffe möglich. Dazu viel Wasser trinken. Sensiblen Personen, die einen hohen Ballaststoffgehalt nicht gewohnt sind, empfehle ich 15 Gramm Chiasamen pro Tag. Ich verwende Bio-Chiasamen, die in Österreich angebaut werden.

Hanfsamen: Die kleinen Samen sind berauschend gesund, aber keine Angst: Als Lebensmittel machen sie nicht high. Hanfsamen enthalten alle essenziellen Aminosäuren, essenzielle Omega-3-Fettsäuren, Vitamin E, Kalzium und Eisen. Ich verwende geschälte Bio-Hanfsamen, die in Österreich angebaut werden, gern als Topping auf Salaten, Suppen oder Pasta und gebe sie auch immer in Porridges und Smoothies.

Kürbiskerne: Kürbiskerne, das daraus hergestellte Bio-Proteinpulver und Kürbiskernöl habe ich immer vorrätig. Die grünen Kerne sind reich an Protein (35 g pro 100 g), Vitamin E, Magnesium, Zink und Eisen – gute Gründe, um Salate oder Suppen damit zu toppen oder meinen Kürbis-Parmesan (siehe S. 158) auszuprobieren. Das entsprechende Proteinpulver ist eine pflanzliche Eiweißbombe (65 % Proteingehalt) und liefert ebenfalls wichtige Mineralstoffe sowie gesunde Ballaststoffe. Ich verwende es wie ein Low-Carb-Mehl zum Backen und Panieren oder als Zugabe zu Smoothies und Porridges.

Sonnenblumenkerne: Die proteinreichen Kerne (22 g Eiweiß pro 100 g) liefern Vitamin E, Vitamin B3, Zink, Magnesium und Mangan. Ich verwende sie gern als Topping sowie für meine Saatencracker (siehe S. 59). Das aus den Kernen hergestellte Proteinpulver ist neutral in Geschmack und Farbe und eine gute Möglichkeit, um Rezepte mit essenziellen Aminosäuren anzureichern oder es wie ein proteinreiches Low-Carb-Mehl zum Backen zu verwenden. Im Gegensatz zu Mandelmehl sind Samenmehle aus Sonnenblumenkernen, Leinsamen oder Kürbiskernen regionale und nachhaltige Produkte.

Proteinpulver: Ich verwende gern natürliche Bio-Proteinpulver aus Samen (Leinsamen, Hanfsamen), Kernen (Kürbiskerne, Sonnenblumenkerne) und Hülsenfrüchten (Erbsen) ohne weitere Zutaten, die sich durch den hohen Eiweißgehalt perfekt zum Backen oder Anreichern von Smoothies und Porridges, aber auch zum Andicken herzhafter Gerichte wie Suppen oder Saucen eignen. Dabei handelt es sich um natürliche Lebensmittel, die uns im Gegensatz zu Getreide noch mehr mit essenziellen Aminosäuren, Ballaststoffen und Mineralien versorgen. Ich empfehle euch, auf lokale Bio-Produkte ohne weitere Zusätze wie Süßungsmittel zurückzugreifen.

Buchweizen: Die kleinen Körner sind kein Getreide, sie sind glutenfrei und liefern wichtige B-Vitamine sowie Vitamin E, Kalium, Magnesium, Eisen, Kalzium und Flavonoide. Buchweizen ist reich an Kieselsäure (Silicium), die für die Bildung unseres Bindegewebes und Kollagen wichtig ist. Ich verwende rohen, ganzen Bio-Buchweizen aus Österreich für meine Rezepte oder mahle diesen zu Mehl.

Hirse: Das goldene Korn stand schon in meiner Kindheit in Österreich in Form von Aufläufen oder klassisch als Beilage statt Reis regelmäßig auf dem Tisch. Hirse ist glutenfrei und steckt voller gesunder Nährstoffe wie essenzieller Aminosäuren, Zink, Eisen und Kieselsäure (Silicium). Letztere unterstützt eine schöne Haut, schöne Haare und schöne Nägel.

Quinoa: Ich mag Quinoa gern als nährstoffreiche Beilage, die mit essenziellen Aminosäuren, Vitaminen, Mineralien, Ballaststoffen und anderen sekundären Pflanzenstoffen wie Enzymen und Antioxidantien punktet. Quinoa ist glutenfrei und vielfältig in der Küche einsetzbar.

Haferflocken: Ich liebe Haferflocken und verwende diese für viele Frühstücksrezepte, gemahlen als Mehl zum Backen oder zum Binden von herzhaften Speisen. Haferflocken punkten mit einem hohen Protein- und Ballaststoffgehalt, der enthaltene lösliche Ballaststoff Beta-Glucan senkt den Blutzuckerspiegel und sorgt so für ein längeres Sättigungsgefühl.

Soja & Sojaprodukte: Die Sojabohne ist eine Hülsenfrucht und hat im Vergleich zu anderen Hülsenfrüchten einen höheren Protein- und Fettgehalt, zudem enthält sie etwas weniger Kohlenhydrate. Sojabohnen und daraus hergestellte Produkte wie Tofu, Tempeh, Sojajoghurt oder Sojadrink sind eine gute Proteinquelle und verfügen über alle essenziellen Aminosäuren. Daneben sind wichtige Vitamine und Mineralstoffe enthalten. Ich achte bei Sojaprodukten auf die Bio-Zertifizierung und beziehe nur Produkte aus Österreich, Deutschland oder der Schweiz, um sicher keine genmanipulierten Sojabohnen zu verwenden.

Hülsenfrüchte: Kichererbsen, Bohnen, Linsen und Erbsen sind ein fester Bestandteil meiner Ernährung. Sie liefern hochwertiges pflanzliches Eiweiß, Ballaststoffe für eine gesunde Verdauung sowie wichtige Vitamine und Mineralien. Ich kaufe getrocknete Bohnen, bereite diese selbst zu und kaufe selten Dosenware. Damit ihr die Rezepte einfach umsetzen könnt, habe ich dies aber neben der Menge vermerkt.

Walnüsse, Haselnüsse, Cashewkerne, Pistazien, Mandeln & Erdnüsse: Sie dürfen in meinem Vorratsschrank nicht fehlen, da sie reich an pflanzlichem Eiweiß und Vitamin E sowie Mineralstoffen wie Zink sind. Aufgrund ihres Fettgehalts sind Nüsse gute Nährstofflieferanten, die, in Maßen gegessen, sehr gesund sind. Ich verwende Bio-Produkte, die weder geröstet noch gesalzen sind. Daraus mache ich im Mixer oder in der Küchenmaschine auch mein eigenes Nussmus.

Tahini (Sesammus): Tahini ist eine cremige Paste aus Sesamsamen, die ich für viele Rezepte wie z.B. Hummus (siehe S.62) verwende. Die Samen sind reich an B-Vitaminen, Kalzium und Eisen. Tahini stelle ich im Mixer selbst aus gerösteten Sesamsamen her oder ich kaufe die Sesampaste in Supermärkten mit orientalischem Angebot. Ich verwende weißes, flüssiges Tahini aus geschältem Sesam, das milder im Geschmack ist; dunkles Tahini schmeckt leicht bitter.

Kokosöl: Ich verwende fair gehandeltes, natives Kokosöl gern zum Braten oder Backen. Es enthält gesättigte Fettsäuren, wodurch es sich zum Erhitzen eignet. Der hohe Anteil an Laurinsäure soll sich positiv auf den Stoffwechsel auswirken und das »gute« HDL-Cholesterin im Blut erhöhen. Im Rahmen einer abwechslungsreichen Ernährung mit anderen Fetten und Ölen sind die gesättigten Fettsäuren im Kokosöl nicht bedenklich.

Olivenöl: Ich verwende gern Olivenöl in meiner Küche und beträufle damit Salate oder fertige Gerichte. Zu beachten ist, dass das Öl nicht so stark erhitzt werden soll wie andere pflanzliche Öle. Deshalb eignet es sich nur bedingt zum Anbraten.

Leinöl: Leinöl ist reich an essenziellen Omega-3- und Omega-6-Fettsäuren. Es ist hitzeempfindlich, weshalb ich es im Kühlschrank aufbewahre und für Dressings, Joghurt oder zum Beträufeln von Gerichten benutze.

Hefeflocken: Hefeflocken bestehen aus Nährhefe und sind ein tolles Würzmittel für Saucen. Zudem eignen sie sich hervorragend für veganen Käse wie pflanzlichen Parmesan (siehe S.158). Sie sind reich an B-Vitaminen wie Folsäure und Vitamin B5 (Pantothensäure), die für die Wundheilung und die Bildung des Bindegewebes wichtig sind.

Oregano, Majoran, Rosmarin, Basilikum & Petersilie: Die Küchenkräuter sorgen für ein tolles Aroma und liefern dazu viele Antioxidantien. Die enthaltenen Pflanzenstoffe unterstützen die Verdauung und wirken entzündungshemmend.

Ingwer: Ingwer sorgt für ein feines, scharfes Aroma und steckt voller gesunder Pflanzenstoffe. So hilft er z.B. bei Verdauungsbeschwerden und wirkt immunstärkend, entzündungshemmend sowie antiviral. Ich greife auf Bio-Ingwer zurück, der nicht geschält werden muss. Denn gerade unter der Schale stecken viele wertvolle Pflanzenstoffe.

Chili: Durch die enthaltenen Capsaicinoide ist Chili nicht nur scharf, sondern auch gesund: Die Pflanzenstoffe sorgen einerseits für das brennende Gefühl im Mund und können andererseits der Verstopfung von Gefäßen vorbeugen. Ich liebe etwas Schärfe in meinen Gerichten und verwende deshalb gern frische oder getrocknete Chilischoten.

Kurkuma: Gelbwurz wird in der chinesischen Medizin und im Ayurveda traditionell bei Leberleiden angewendet, das enthaltene Curcumin hat eine positive Wirkung auf die Verdauung und zeigt sich entzündungshemmend. Pur oder als Zutat im Currypulver sorgt es durch die antioxidativen Pigmente auch für eine leuchtend gelbe Farbe, deshalb Achtung bei heller Kleidung.

Meer- & Steinsalz: Ich würze mit Meer- oder Steinsalz anstelle von gewöhnlichem Tafelsalz, das nur aus Natriumchlorid und eventuell Jod besteht. Durch die traditionelle Herstellung mit Wind- und Sonnentrocknung bleiben mehr Mineralien und Spurenelemente erhalten.

Knoblauch & Zwiebeln: Sie enthalten für die Gesundheit förderliche Stoffe und wirken antibakteriell sowie entzündungshemmend. Allerdings vertrage ich Knoblauch und Zwiebeln in größerer Menge oder roh nicht besonders gut. Deshalb findet ihr in meinem Buch kaum Rezepte mit rohen Zwiebeln, außerdem verwende ich nur sehr wenig Knoblauch. Ganz nach Geschmack könnt ihr Hummus, Salat oder Dressings aber auch mit mehr Zwiebeln und/oder Knoblauch verfeinern.

Ahornsirup: Ich genieße Süßes in Maßen und verwende dann gern natürliche Süßungsmittel wie Ahornsirup statt raffiniertem Zucker. Ahornsirup ist ein Naturprodukt und durch den Wasseranteil etwas kalorienärmer als Zucker; zudem besitzt er einen geringen Anteil an Mineralstoffen. Ich verwende am liebsten Grad B für ein feines Aroma und Süße.

Birnel (Birnensaftkonzentrat): Der aus Birnen gewonnene, konzentrierte Dicksaft ist wie Ahornsirup ein natürliches Süßungsmittel. Im Gegensatz zu diesem punktet Birnel mit regionalen Rohstoffen und einem kurzen Transportweg.

Datteln & Feigen: Die getrockneten Früchte liefern Süße in natürlicher Form. Sie schmecken pur als Snack oder verleihen meinen Heidelbeer-Bliss-Balls Süße sowie gesunde Nährstoffe. Die Ballaststoffe in den Feigen unterstützen die Verdauung, Kalium wirkt entwässernd.

Kakao & dunkle Schokolade: Ich verwende qualitativ hochwertige dunkle Schokolade mit einem Kakaoanteil von mindestens 80 bis 90 Prozent, Bio-Kakaopulver ohne Zusätze sowie Kakaosplitter (Kakao-Nibs). Diese liefern Mineralstoffe wie Mangan und Magnesium sowie wertvolle Antioxidantien – gute Gründe, diese in Maßen zu genießen!

Wasser: Wir bestehen zum Großteil aus Wasser, und es ist wichtig, täglich zwischen zwei und drei Liter Wasser zu trinken. Der genaue Bedarf hängt von der körperlichen Aktivität und den Außentemperaturen ab. So empfiehlt es sich, gleich morgens mit einem Glas Wasser in den Tag zu starten, da sich unser Körper in der Nacht regeneriert und morgens dehydriert ist.

Für eine schöne Haut ist eine ausreichende Feuchtigkeitszufuhr ebenfalls unerlässlich. Wasser versorgt diese mit Feuchtigkeit und hält sie elastisch. Es werden Abbauprodukte ausgeschwemmt, damit wird dem Entstehen von Unreinheiten entgegengewirkt. Mit dem Trinken wird unser Stoffwechsel angekurbelt und die Haut besser mit Sauerstoff versorgt. Ein angeregter Stoffwechsel verbrennt mehr Kalorien. Dazu füllt Wasser den Magen und dämpft so etwas das Hungergefühl. Wenn wir hungrig sind, hilft es, erst einmal den Durst zu löschen und dann zu essen.

Ich bewege mich viel und trinke täglich mindestens 3 Liter Wasser – in der Regel gefiltertes Leitungswasser, daneben aber auch kalzium- und magnesiumreiches Mineralwasser. Wenn ihr eher wenig trinkt und den Geschmack von Wasser langweilig findet, könnt ihr dieses mit Zitronen- oder Orangenscheiben, Ingwerstücken, Gurke oder Minze aromatisieren. Um ausreichend zu trinken, habe ich es mir angewöhnt, an meinen Schreibtisch immer eine gefüllte Wasserflasche zu stellen, und auch für unterwegs nehme ich mir immer etwas zu trinken mit.

DIE DREI SÄULEN FÜR BEAUTY UND GESUNDHEIT

Neben einer ausgewogenen und möglichst pflanzenbasierten Ernährung gibt es drei weitere Punkte, auf die ihr achten solltet, um schön und gesund zu bleiben.

AUSREICHEND SCHLAFEN

Guter Schlaf ist wichtig für unsere Gesundheit. Er stärkt das Immunsystem, zudem wird im Schlaf Stress abgebaut. Und auch der gute alte Schönheitsschlaf hat durchaus seine Berechtigung, denn im Schlaf finden Entgiftungs- und Reparaturprozesse statt. Durchschnittlich sieben bis acht Stunden Schlaf pro Nacht sollten es schon sein, um regeneriert und erholt in den Tag starten zu können. Haben wir nicht gut geschlafen, merken wir das am nächsten Morgen auch an Augenringen und fahler Haut. Dann fehlen uns die im Schlaf ausgeschütteten Hormone Melatonin und Somatotropin, die eben auch die Haut regenerieren.

Um einen gesunden, erholsamen Schlaf zu unterstützen, hilft es, abends ein paar Routinen einzubauen. Wir versuchen, nicht zu spät zu Abend zu essen, da es sich mit vollem Bauch nicht gut schläft. Ideal wäre es, mindestens drei Stunden vor dem Zubettgehen nichts mehr zu essen. Auch zu viel Alkohol, Koffein, Fett oder Zucker ist neben spätem Essen nicht besonders förderlich für den Schlaf. Ich vermeide es, spätabends noch am Computer zu arbeiten oder mich mit dem Smartphone zu beschäftigen. Am effektivsten funktioniert das, wenn ihr dafür Smartphone und Fernseher ganz aus dem Schlafzimmer verbannt. Ich stelle mein Smartphone eine Stunde vor dem Schlafengehen auf Flugmodus und lege es beiseite. Im Schlafzimmer haben wir wieder einen Wecker und verzichten so auch auf diese Funktion auf dem Handy. Statt auf dem Smartphone zu scrollen, lese ich ein Buch, was mich langsam müde macht.

Im Schlafzimmer selbst sorgen natürliche Materialien wie Holz und befeuchtende Pflanzen wie Schwertfarn oder Philodendron für ein gutes Klima. Die ideale Raumtemperatur liegt bei 18 bis 20 Grad und sollte auch im Winter nicht höher sein. Am besten wäre es, gegen 22 oder 23 Uhr ins Bett zu gehen und morgens bei Sonnenaufgang aufzustehen. Das ist zwar auch für mich nicht immer möglich, doch ich versuche, vor Mitternacht in den verdienten Schlaf zu finden.

STRESS REDUZIEREN

Stressreaktionen waren schon in Urzeiten eine wichtige Schutzfunktion für den Körper. Bei Stress werden die Hormone Adrenalin und Cortisol ausgeschüttet, die schnell Energie liefern und uns so z. B. vor Gefahren flüchten lassen. Nun ist es heute in den seltensten Fällen notwendig, vor einer Gefahr zu flüchten – wir brauchen umgekehrt Methoden, um unseren Stress abzubauen und zur Ruhe zu kommen. Die ständige Erreichbarkeit online, Streit in der Familie oder finanzielle Sorgen belasten und sorgen für negative Gedanken, die uns oft auch den Schlaf rauben. Um Stress zu reduzieren, bieten sich kleine, bewusste Pausen vom Alltag an, etwa 60 Minuten einem Hobby nachzugehen, einen Spaziergang in der Natur zu machen oder Freunde zu treffen. Ebenfalls hilfreich ist es, achtsamer durch den Alltag zu gehen: statt beim Frühstück auf dem Smartphone zu lesen, diese Mahlzeit bewusst zu genießen, auf dem Weg zur Arbeit auf die Farben in der Natur zu achten und vieles mehr.

REGELMÄSSIG BEWEGEN

Es ist kein Geheimnis, dass sich regelmäßige Bewegung und Sport positiv auf unsere Gesundheit und unser Wohlbefinden auswirken. Ob ein flotter Spaziergang, eine Laufrunde nach der Arbeit oder Training im Fitnessstudio – hinterher fühlen wir uns immer besser. Der Grund dafür ist die Ausschüttung von Endorphinen und die Freisetzung der »Glückshormone« Serotonin und Dopamin. Sie sorgen dafür, dass wir Freude an der Bewegung haben. Serotonin und Dopamin haben zudem einen stimmungsaufhellenden Effekt. Außerdem werden bei Bewegung und Sport Stress abgebaut und ein gesunder, erholsamer Schlaf gefördert.

Wenn euch die Motivation für Bewegung oder eine passende Sportart bisher gefehlt hat, könnt ihr auch erst einmal versuchen, mehr Bewegung in euren Alltag einzubauen: Dinge öfter zu Fuß erledigen, mit der Familie spazieren gehen, im Garten arbeiten, schwimmen. Ich persönlich liebe es, zu laufen oder mit dem Hund spazieren zu gehen, und genieße diese kleine Auszeit für mich. Um das Ganze abwechslungsreicher zu gestalten, laufe ich gern auch einmal mit einer Freundin oder mache mit den Kindern eine Radtour. Ziel ist es, dass die Bewegung Spaß macht und gut in den Alltag integriert werden kann. Sie soll kein Muss oder Zwang sein.

SO FUNKTIONIERT DIESES BUCH

Im Rezeptteil findet ihr eine Auswahl meiner erprobten Lieblingsrezepte, die alle einfach zuzubereiten sind und euch mit gesunden Nährstoffen versorgen. Die Rezepte sind in sieben Kapitel unterteilt und basieren auf vollwertigen, pflanzlichen Lebensmitteln.

ZUTATEN & EINKAUFEN

Im vorigen Kapitel habe ich euch meine Lieblingszutaten für nährstoffreiche und gesunde Gerichte vorgestellt. Alle »Eat Good Beauty Food«-Rezepte sind ergänzend dazu mit wenigen Basiszutaten gemacht, ihr benötigt selten mehr als 30 Minuten Zeit in der Küche. Generell erleichtert ein Grundvorrat an Getreide, Kernen, Saaten, Nüssen, Hülsenfrüchten, Mehl, natürlichen Süßungsmitteln, Ölen, Essig, Gewürzen und Frischprodukten wie Obst und Gemüse das tägliche Kochen.

Beim Einkauf bevorzuge ich bio-zertifizierte Produkte und beziehe wöchentlich einen Teil meines Gemüses von einem Bauernhof in der Nähe. Ich versuche, möglichst saisonal und regional einzukaufen, sofern dies möglich ist. Neben regionalen Zutaten ergänze ich meine Vorräte auch mit fair gehandeltem Kaffee, Tee, Süßungsmitteln, Gewürzen, wenigen Südfrüchten oder Gemüse aus dem angrenzenden Ausland. Wenn ich einmal konventionelles Obst und Gemüse kaufe, wasche ich es immer gründlich oder schäle es.

Meine haltbaren Lebensmittel beziehe ich aus einem lokalen Supermarkt oder Reformhaus, Bio-Zutaten wie Bohnen, Buchweizen, Chiasamen, Hanfsamen oder Proteinpulver mittlerweile über meinen eigenen Onlineshop mrsflury.com.

MEINE KÜCHE

Seit ich begonnen habe, meine Rezepte online zu teilen, habe ich jeweils viele Fragen zu meiner Küchenausstattung erhalten. Deshalb möchte ich euch gern vorstellen, welche Ausrüstung ich sinnvoll finde. Dabei gilt das Motto: Weniger ist mehr, und ich empfehle euch, lieber in wenige, dafür aber hochwertige Produkte zu investieren.

Mixer/Zerkleinerer: Damit lassen sich gefrorene Früchte, Nüsse und dergleichen mehr zerkleinern. Alternativ kann ein leistungsstarker Standmixer oder Pürierstab (Stabmixer) diese Aufgabe übernehmen.

Küchenmaschine: Ich schlage damit Flüssigkeiten auf und knete Teige für meine Sauerteigbrote. Meine Küchenmaschine hat diverse Aufsätze und Zubehör, sie ist Gemüsehobler, Entsafter, Zerkleinerer und Standmixer in einem. Das ist sehr praktisch und platzsparend. Alternativ zur Küchenmaschine kann auch ein elektrisches Handrührgerät verwendet werden.

Messer: Es lohnt sich, in qualitativ gute Messer zu investieren. Ich verwende ein großes Schneidemesser, ein mittelgroßes und ein kleines Gemüsemesser sowie ein gezacktes Brotmesser.

DIE REZEPTE

Die Portionsangaben sind jeweils nur ungefähre Richtwerte. Wenn ich bei Zutaten eine Alternative angebe, gelingt das Rezept auch damit. Solche Varianten sind auch ideal, wenn ihr etwas spontan nachkochen möchtet und einmal nicht alle Zutaten zu Hause habt. Wenn ihr an Lebensmittelallergien oder Unverträglichkeiten leidet, lest euch bitte die Zutaten gut durch, um zu prüfen, ob diese für euch verträglich sind.

Alle Rezepte sind mit Symbolen gekennzeichnet, die euch bei der Orientierung helfen:

- Proteinreich: mindestens zwölf Prozent der Energie stammt aus Proteinen
- Ballaststoffreich: liefert pro 100 Gramm mindestens drei Gramm Ballaststoffe
- GF: glutenfrei, also ohne glutenhaltige Zutaten
- NF: nussfrei
- LC: Low Carb; das Gericht enthält weniger als 30 Gramm Kohlenhydrate pro Portion
- Auf einigen Rezeptseiten ist ein QR-Code angegeben, der euch direkt zum entsprechenden Rezeptvideo führt.

Viele Rezepte, z. B. Backwaren oder Desserts, lassen sich auch glutenfrei mit alternativen Mehlen (Buchweizenmehl, Hafermehl usw.) zubereiten. Bei Rezepten mit Haferflocken empfehle ich euch, bei speziellen Bedürfnissen auf die Kennzeichnung »glutenfrei« auf der Verpackung zu achten.

Die Nährwerte der Rezepte habe ich als Durchschnitts- bzw. Richtwerte zur Orientierung berechnet. Ich zähle selbst keine Kalorien und achte stattdessen auf eine hohe Nährstoffdichte von Lebensmitteln sowie deren Vitamin- und Ballaststoffgehalt. So solltet ihr aufgrund von Nährwertangaben 100 Kilokalorien aus Oliven nicht mit 100 Kilokalorien aus Olivenöl gleichsetzen. Durch die zusätzlichen Ballast- und Pflanzenstoffe verwertet unser Körper die Kalorien aus Oliven anders als die aus Olivenöl.

Bei der Zubereitung im Backofen backe ich, wenn ich nichts anderes angebe, immer in der Ofenmitte mit Ober- und Unterhitze.

ERNÄHRUNGSPLAN FÜR EINE WOCHE

Eine gute Planung erleichtert das gesunde Kochen und Essen ungemein. Ich möchte euch in diesem Abschnitt gern ein paar Tipps zum Vorkochen und einen beispielhaften Ernährungsplan für eine Woche geben.

Gesunde Ernährung muss nicht kompliziert sein. Mit dem Wochenplan versorgt ihr euren Körper optimal mit wichtigen Nährstoffen, die Gerichte schmecken lecker und lassen sich problemlos auch in größeren Mengen vorbereiten. Der Plan hilft auch als Starthilfe bei der Umstellung auf eine vollwertige, pflanzliche Ernährung, wenn ihr dies bisher noch nicht ausprobiert habt oder eurem Körper bewusst einmal eine Auszeit mit nährstoffreichen Gerichten gönnen möchtet.

EINKAUFEN AM SAMSTAG

Für die Umsetzung der Rezepte solltet ihr kontrollieren, ob ihr alle benötigten Zutaten (frisches Gemüse, Früchte, Nüsse, Kräuter, haltbare Lebensmittel usw.) zu Hause habt. Ich besorge am Samstag noch fehlende Zutaten. Haltbare Vorräte wie Getreide und Bohnen, die ich immer verwende, bestelle ich hin und wieder online im Lebensmittelgeschäft. Das spart mir beim Einkaufen viel Zeit.

VORBEREITEN AM WOCHENENDE

Am Wochenende nehme ich mir gern Zeit, um in Ruhe gesunde Snacks für die Woche vorzubereiten. Es hilft, bereits am Samstag getrocknete Bohnen einzuweichen und vorzukochen, Hummus zuzubereiten oder ein Brot zu backen. Am Sonntag könnt ihr ein Frühstück und Bliss Balls machen sowie eine Suppe kochen. So ist unter der Woche weniger vorzubereiten, und ihr habt bereits leckere Snacks griffbereit. Das Vorbereiten am Wochenende ist aber kein Muss für die Umsetzung des Wochenplans. Ihr könnt alle Rezepte auch spontan am jeweiligen Tag zubereiten.

EINTEILUNG DER MAHLZEITEN

Der Wochenplan umfasst sieben Tage mit Rezepten aus den folgenden Kapiteln. Ich empfehle, bei allen Gerichten und Snacks immer die volle oder gleich eine größere Menge zuzubereiten; so gewinnt ihr viel Zeit und könnt Portionen für die Folgewoche auch einfrieren. Es ist wichtig, dass ihr je nach Körpergröße, Alter und Aktivität etwa 2000 Kalorien am Tag zu euch nehmt. Der folgende Ernährungsplan liefert pro Tag ungefähr 65 Gramm Protein und 1600 Kalorien, damit eine Reserve für größere Portionen, Snacks, Cappuccino oder andere kalorienhaltige Getränke dabei ist.

Ihr könnt die Rezepte für mittags und abends nach Belieben auch tauschen. Süße Snacks schmecken auch als Dessert und umgekehrt. Passt den Plan euren persönlichen Vorlieben und der jeweiligen Saison an.

	FRÜHSTÜCK	SNACK	MITTAGESSEN	SNACK	ABENDESSEN	DESSERT
SONNTAG	Socca-Kichererbsen-Pfannkuchen	Pink Juice	Gefüllte Süßkartoffel mit Quinoa	2 Müsliriegel	Spargel-Risotto	2 Kokos-Bites
MONTAG	Hirse-Overnight Oats	2 Carrot Cake Bites	Regenbogen-Linsensalat	Rest Socca-Kichererbsen-Pfannkuchen	Ofen-Ratatouille	2 Müsliriegel
DIENSTAG	Hirse-Overnight Oats	Saaten-Cracker	Süßkartoffel-Karotten-Suppe	Herzhafte Protein-Riegel	Linsen-Dal	Tiramisu-Muffins
MITTWOCH	Pfannen-Granola	Rest Müsliriegel	Romana-Wraps mit Bohnenhack	Rest Carrot Cake Bites	Kichererbsen-Süßkartoffel-Eintopf	Tiramisu-Muffins
DONNERSTAG	Baked-Oats Aprikose	Rest Carrot Cake Bites	Rest Kichererbsen-Süßkartoffel-Eintopf	Rest Saaten-Cracker	One-Pot-Hirse mit Gemüse und Bohnen	Beerencreme
FREITAG	Haferbrot mit Chiamarmelade	Reste: Baked-Oats	Supergrüne Brokkolisuppe	Rest Herzhafte Proteinriegel	Gemüsequiche mit Macadamianüssen	Beerencreme
SAMSTAG	Protein-Scramble mit Kurkuma und Spinat	Green Goddess Juice	Rest Gemüsequiche mit Macadamianüssen	Haferbrot mit Erbsendip	Grüne Nockerl	2 Kokos-Bites

RISE & SHINE

ENERGIEREICH IN DEN TAG STARTEN

Was wir essen beeinflusst unsere Haut. Ein gesundes Frühstück ist das erste kulinarische Highlight des Tages, es soll uns zufrieden machen und Energie für die anstehenden Aufgaben schenken. Bei der Zusammensetzung meiner Frühstücksrezepte achte ich darauf, eine Proteinkomponente sowie wichtige Nähr- und Ballaststoffe einzubauen.

Eine strahlende Haut hängt mit einer gesunden Ernährung zusammen. So entscheidet der Start in den Tag, wie wir uns fühlen, und das Frühstück versorgt den Körper nach der Nacht mit neuer Energie. Die folgenden Tipps lassen uns morgens strahlen.

DEN TAG MIT WASSER BEGINNEN

Es ist wichtig, morgens als Erstes ein Glas Wasser zu trinken. Nach der Nacht muss der Körper wieder mit Flüssigkeit versorgt werden. Ich trinke gern zimmerwarmes stilles Wasser, ihr könnt nach Belieben aber auch lauwarmes oder gekühltes Wasser nehmen. Wem Wasser zu fad ist, der kann dieses noch mit ein wenig Zitronensaft verfeinern. Die Zitrone hat auch einen reinigenden, alkalisierenden Effekt und regt den Stoffwechsel an.

Was Koffein angeht, so kann ich morgens nicht auf eine Tasse Kaffee verzichten. Ich versuche aber, meinen Kaffeekonsum einzuschränken, und trinke als Alternative gern Matcha-Grüntee. Der Tee wirkt im Gegensatz zum Kaffee nicht säurebildend im Körper. Grüntee steckt voller Antioxidantien und Phytonährstoffe, die die Aufnahme von Koffein verlangsamen. Somit hält der Grüntee kontinuierlicher wach und lässt uns dank seiner Nährstoffe strahlen.

PAUSE ZWISCHEN DEN MAHLZEITEN

Das Frühstück versorgt uns mit Energie, aber es ist auch wichtig, dem Körper eine Pause zum Regenerieren zu gönnen. Ich empfehle eine Pause von etwa zwölf Stunden zwischen der letzten Mahlzeit am Abend und dem Frühstück. So sind Körper und Verdauungstrakt erholt.

EIN NÄHRSTOFFREICHER START

Die erste Mahlzeit des Tages sollte vor allem eines sein: voller gesunder Nährstoffe. Verarbeitete Produkte wie Fertigmüsli, helles Gebäck oder süße Aufstriche sollten dabei die Ausnahme sein, da sie viele schnell verfügbare Kohlenhydrate aus Zucker und hellem Mehl sowie oft auch ungünstige Fettsäuren enthalten. Proteine, Vitamine, Mineralien und weitere wichtige Nährstoffe fehlen in den typischen Frühstücksprodukten leider oft.

Zu viel Zucker im Frühstück kann Entzündungsprozesse begünstigen (mehr dazu im Kapitel »Sweets«, S. 126), zudem kurbelt er die Insulinproduktion mächtig an. Dies hat zur Folge, dass wir uns nach einem kurzen Energie-Hoch bald wieder schlapp fühlen. Außerdem begünstigt dies die Lust auf eine weitere süße Mahlzeit.

Ich versuche, morgens mit einem nährstoffreichen Frühstück zu starten. Das gibt mir Kraft, macht mich zufrieden und hält mich fit. Bei der Zusammensetzung achte ich auf gesunde Fette, komplexe Kohlenhydrate und eine Proteinkomponente. So bleibt der Blutzuckerspiegel konstant, und ich werde weniger schnell wieder hungrig und müde. Unter der Woche esse ich zum Frühstück gern Porridge, Granola (siehe S. 37) oder eine Scheibe Haferbrot (siehe S. 46), am Wochenende darf es auch mal einen Brunch geben, z. B. mit einem Protein-Scramble (siehe S. 45), Pancakes (siehe S. 34) oder Socca-Kichererbsen-Pfannkuchen (siehe S. 42).

Ich verwende für meine Frühstücksrezepte gern Hanfdrink (siehe S. 154) oder Haferdrink. Hanfsamen sind ein tolles Lebensmittel; sie liefern uns morgens viele essenzielle Aminosäuren und Omega-3-Fettsäuren.

WANN UND WIE FRÜHSTÜCKEN

Das Frühstück ausfallen zu lassen, um Kalorien zu sparen, ist keine gute Idee. Oftmals wird dann einfach mittags mehr gegessen oder zwischendurch eher ungesund gesnackt. Deshalb lieber nährstoffreich in den Tag starten.

Wer sich morgens aber noch gar nicht zu einem Frühstück motivieren kann, kann sich am Vorabend eine einfache Mahlzeit zum Mitnehmen vorbereiten, z. B. etwas Granola (siehe S. 37) oder Hirse-Ovenight-Oats (siehe S. 38), und diese dann verzehren, wenn der Hunger kommt. Es muss auch nicht immer ein typisches Frühstück sein. So esse ich vormittags auch gern Carrot Cake Bites (siehe S. 56) oder Haferbrot mit Hummus (siehe S. 46 / 62), wenn ich einmal wenig Zeit oder nach einem späten Abendessen morgens noch keinen Hunger habe. Zwingt euch nicht zum Essen, sondern hört lieber intuitiv auf euren Körper.

POSITIV IST TRUMPF

Neben einer gesunden Ernährung unterstützt morgens auch das Durchatmen und etwas Bewegung einen positiven Start in den Tag. Öffnet nach dem Aufstehen das Fenster, atmet bewusst und versorgt so den Körper mit Sauerstoff. Das begünstigt ein gutes Gefühl und macht euch wach. Daneben belebt etwas Bewegung den Körper, sei es ein kleiner Spaziergang, Stretching oder Laufen. Aber keine Angst: Es muss morgens kein Halbmarathon sein! Für das Wohlbefinden reicht es schon, ein paar Schritte in der Nachbarschaft zu machen oder auf dem Weg zur Arbeit einen kleinen Umweg einzubauen.

Ich arbeite im Homeoffice und gehe morgens wann immer möglich eine kleine Runde laufen. Später bereite ich mir dann ein nährstoffreiches Frühstück zu. Ich liebe es, meinen Tag so zu beginnen!

NÄHRSTOFFREICHE BEAUTY JUICES

Kalt gepresste Säfte erfrischen morgens Körper und Geist, sie versorgen uns mit Vitalstoffen, Enzymen, Vitaminen und Mineralien. Meine drei Beauty Juices sind ideal für einen gesunden Start in den Tag.

PINK JUICE

Pro Portion ca. 114 kcal, 3 g Protein, 23 g Kohlenhydrate, 3 g Ballaststoffe, 0,5 g Fett

- 1 mittelgroße Rote Bete
- 1 Karotte
- 3 Stangen Sellerie
- 1 Orange
- 1 Zitrone

Das Gemüse waschen und in Stücke schneiden. Orange und Zitrone schälen und ebenfalls in Stücke schneiden. Alles in den Entsafter geben und entsaften.

Ohne Entsafter Orange und Zitrone auspressen und mit dem vorbereiteten Gemüse im Standmixer pürieren.

GREEN GODDESS

Pro Portion ca. 110 kcal, 3 g Protein, 23 g Kohlenhydrate, 2 g Ballaststoffe, 1 g Fett

- 30 g Grünkohl oder Spinat
- 3 Stangen Sellerie
- 1 grüner Apfel
- 1 Orange
- 1 Zitrone

Gemüse und Apfel waschen und in Stücke schneiden. Orange und Zitrone schälen und ebenfalls in Stücke schneiden. Alles in den Entsafter geben und entsaften.

Ohne Entsafter Orange und Zitrone auspressen und mit dem vorbereiteten Gemüse sowie dem Apfel im Standmixer pürieren.

A-C-E JUICE

Pro Portion ca. 130 kcal, 3 g Protein, 28 g Kohlenhydrate, 2 g Ballaststoffe, 0,5 g Fett

- 100 g Salatgurke
- 4 Karotten
- 1 Stange Sellerie
- 2 Orangen

Das Gemüse waschen und in Stücke schneiden. Die Orangen schälen und ebenfalls in Stücke schneiden. Alles in den Entsafter geben und entsaften.

Ohne Entsafter die Orangen auspressen und mit dem vorbereiteten Gemüse im Standmixer pürieren.

*(i) Die **Säfte** enthalten Provitamin A, Vitamin C, wichtige Mineralstoffe wie Eisen sowie sekundäre Pflanzenstoffe und Enzyme. Die frisch gepressten Juices können morgens den Stoffwechsel ankurbeln und beim Ausleiten von Giftstoffen helfen. Zudem dämpfen sie die Lust auf Süßes.*

MATCHA-LATTE

Matcha-Grünteepulver stellt eine tolle Alternative zum morgendlichen Kaffee dar und schmeckt wunderbar kombiniert mit Haferdrink als Latte. Dank der Pflanzenstoffe im Grüntee wird das Koffein langsamer aufgenommen, weshalb ihr mit Matcha kontinuierlicher wach und aufmerksam seid.

Pro Portion ca. 115 kcal,
3 g Protein, 12 g Kohlenhydrate,
2 g Ballaststoffe, 5 g Fett

1. Das Matchapulver durch ein kleines Sieb in eine Schale geben, damit keine Klümpchen entstehen.
2. 30 Milliliter 80 °C warmes Wasser zum Matchapulver gießen und beides mit einem Bambusbesen (Chasen) oder Schneebesen etwa 30 Sekunden lang schaumig aufschlagen. Mit weiteren 70 Milliliter Wasser aufgießen und nach Belieben Süße dazugeben.
3. Den Haferdrink erwärmen und aufschäumen. Ich verwende dafür einen kleinen Milchaufschäumer oder nutze die Dampfdüse der Espressomaschine. Für ein kaltes Getränk funktioniert es auch, einen dafür geeigneten Pflanzendrink ohne Erwärmen aufzuschäumen.
4. Den aufgeschäumten Pflanzendrink zum Matcha gießen, bis die Schale voll ist.

ZUTATEN FÜR 1 PORTION
1 TL Matchapulver
1 TL Süße nach Belieben, z. B. Reissirup
180 ml Haferdrink glutenfrei

*(i) **Matcha** besteht aus dem ganzen Teeblatt und ist reich an Phytonährstoffen wie Chlorophyll und Katechinen, die antioxidativ wirken und den Körper vor freien Radikalen schützen. Katechine sollen auch die Fettverbrennung und den Stoffwechsel anregen.*

FRÜHSTÜCKS-COOKIES

Pro Stück ca. 131 kcal, 2 g Protein, 13 g Kohlenhydrate, 2 g Ballaststoffe, 7 g Fett

Durch Vollkornmehl, Haferflocken, Walnüsse und reichlich geriebene Karotten enthalten die Frühstücks-Cookies viele gesunde Nährstoffe. Die leckeren Kekse eignen sich auch perfekt zum Mitnehmen.

ZUTATEN FÜR CA. 20 STÜCK

130 g Dinkel-Vollkornmehl
80 g glutenfreie Haferflocken
80 g Walnüsse, gehackt
50 g Cranberrys
1 TL Weinstein-Backpulver
1 TL Zimtpulver
¼ TL Meersalz
220 g geriebene Karotten oder Gemüsetrester vom Entsafter (siehe Beauty Juices S. 25)
100 ml Ahornsirup
80 g flüssiges Kokosöl oder Mandelmus

1. Den Backofen auf 200 °C vorheizen und ein Backblech mit Backpapier belegen.

2. Vollkornmehl, Haferflocken, Walnüsse, Cranberrys, Backpulver, Zimt und Salz mischen. Die Karotten unterrühren. Ahornsirup und Kokosöl dazugeben und alles zu einem Teig vermengen.

3. Pro Cookie etwa 2 Esslöffel des Teigs auf das Backblech setzen. Mit der Handfläche vorsichtig flach drücken und Cookies formen.

4. Die Cookies in etwa 15 Minuten goldbraun im Ofen backen. Herausnehmen und abkühlen lassen.

5. Nach Belieben mit geschmolzener dunkler Schokolade verzieren und mit grobem Meersalz bestreuen.

(i) ***Walnüsse** enthalten Omega-3-Fettsäuren, die sich positiv auf die Haut auswirken. **Karotten** liefern Provitamin A, das dazu beiträgt, freie Radikale zu bekämpfen; zudem stärkt es die Haut und regt das Wachstum neuer Zellen an.*

PFANNEN-GRANOLA

Pro Portion ca. 300 kcal,
9 g Protein, 48 g Kohlenhydrate,
9 g Ballaststoffe, 5 g Fett

Das leckere Granola mit Haferflocken und Banane ist ohne Zugabe von weißem Zucker und Fett schnell in der Pfanne gemacht. Eine tolle Abwechslung auf dem Frühstückstisch!

ZUTATEN FÜR 2 PORTIONEN

1 reife Banane (130 g ohne Schale)
110 g glutenfreie Haferflocken
1 EL Chiasamen
1 EL Ahornsirup
½ TL Zimtpulver
⅛ TL Meersalz
Kokosöl für die Pfanne

1. Die Banane schälen und in einer Schüssel mit der Gabel zerdrücken. Haferflocken, Chiasamen, Ahornsirup, Zimt und Salz dazugeben und alles zu einer krümeligen Masse vermischen.
2. Das Kokosöl in der Pfanne erwärmen. Die Haferflockenmischung bei mittlerer Hitze 5 Minuten darin rösten, dabei zwischendurch umrühren.
3. Das Granola auf 2 Schalen verteilen und nach Belieben mit Früchten garniert sowie mit Pflanzendrink oder Joghurt servieren.

*In **Haferflocken** steckt der Ballaststoff Beta-Glucan, der bei regelmäßiger Aufnahme den Cholesterinspiegel im Blut senken und eine gesunde Darmflora fördern kann. Die ebenfalls enthaltenen sekundären Pflanzenstoffe Avenanthramide wirken antioxidativ und unterstützen die Haut bei der Abwehr von freien Radikalen.*

BEAUTY-SMOOTHIE-BOWL MIT PORRIDGE

Fruchtiger Smoothie oder cremiger Porridge? Diese leckere Bowl kombiniert beides und ist vollgepackt mit gesunden Nährstoffen aus Beeren, Haferflocken und Samen.

Pro Portion ca. 537 kcal, 33 g Protein, 53 g Kohlenhydrate, 17 g Ballaststoffe, 16 g Fett

1. Für den Porridge Haferflocken, Chiasamen, Proteinpulver, Salz, Sojadrink und 200 Milliliter Wasser in einen Topf geben und unter ständigem Rühren erhitzen. Die Zitronenschale unterrühren und alles etwa 3 Minuten bei kleiner Hitze köcheln lassen, bis der Porridge leicht eindickt.
2. Für den Smoothie alle Zutaten in einen Hochleistungsmixer geben und zu einer cremigen Konsistenz pürieren.
3. Porridge und Smoothie auf 2 tiefen Tellern anrichten und mit Toppings nach Wahl garniert servieren.

ZUTATEN FÜR 2 PORTIONEN

FÜR DEN PORRIDGE
100 g glutenfreie Haferflocken
2 EL Chiasamen
2 EL Vanille-Proteinpulver oder Mandelmehl
⅛ TL Meersalz
450 ml Sojadrink
abgeriebene Schale von ½ Bio-Zitrone

FÜR DEN SMOOTHIE
250 g TK-Beerenmischung
1 reife Banane (130 g ohne Schale)
2 EL Hanfsamen
70 ml Sojadrink

*Die Antioxidantien in **Beeren** helfen dabei, freie Radikale abzufangen und so den Alterungsprozess der Haut zu verzögern. Das Vitamin C in den Beeren unterstützt die Kollagenproduktion der Haut. **Haferflocken** und **Chiasamen** liefern zusätzlich Kieselsäure und lösliche Ballaststoffe.*

GEBACKENE SÜSSKARTOFFEL

Pro Portion ca. 374 kcal,
10 g Protein, 45 g Kohlenhydrate,
12 g Ballaststoffe, 14 g Fett

Gebackene Süßkartoffeln zum Frühstück? Das mag im ersten Moment ungewöhnlich klingen, ihr müsst es jedoch unbedingt einmal ausprobieren. Denn die süße Knolle, herrlich gefüllt mit Joghurt, Früchten und Granola, schmeckt bereits morgens.

ZUTATEN FÜR 2 PORTIONEN

2 mittelgroße Süßkartoffeln
4 EL Kokos- oder Sojajoghurt
1 Banane, in Stücke geschnitten
2 EL Granola (Rezept siehe S. 37)
2 EL Chiasamen
2 EL Mandelmus
50 g Erdbeeren, in Stücke geschnitten
15 g Schokodrops oder dunkle Schokolade, gehackt

1. Den Backofen auf 200 °C vorheizen. Die Süßkartoffeln mit Schale waschen, mit einer Gabel mehrfach einstechen und auf ein Backblech legen.

2. 40 bis 45 Minuten im Ofen garen, bis sie weich sind.

3. Aus dem Ofen nehmen und mit einem Messer längs aufschneiden. Das Innere mit einer Gabel leicht zerdrücken und eine Tasche für die Füllung formen.

4. Mit Joghurt, Bananenstücken, Granola, Chiasamen, Mandelmus, Erdbeerstücken und Schokolade gefüllt servieren.

*(i) **Süßkartoffeln** enthalten viel Beta-Carotin (Provitamin A), das unsere Haut vor freien Radikalen und vorzeitiger Alterung schützen kann. Zudem liefert die orangefarbene Knolle Vitamin C, Vitamin B6, Eisen und Magnesium.*

PANCAKE CEREAL

Pro Portion ca. 262 kcal,
12 g Protein, 36 g Kohlenhydrate,
7 g Ballaststoffe, 7 g Fett

Die Minipfannkuchen sind das perfekte Frühstück fürs Wochenende und auch sehr beliebt bei meinen Kindern. Mit Früchten, pflanzlichem Joghurt oder Pflanzendrink serviert eine tolle Abwechslung!

ZUTATEN FÜR 4 PORTIONEN
180 g Dinkel- oder Hafermehl
3 TL Weinstein-Backpulver
¼ TL Salz
300 ml Sojadrink
2 EL Erdnussmus
1 EL Ahornsirup

VARIANTE SCHOKOTEIG
1 EL ungesüßtes Kakaopulver
1 EL Ahornsirup

AUSSERDEM
Öl zum Ausbacken
Früchte, pflanzlicher Joghurt oder Pflanzendrink zum Servieren

1. Dinkelmehl, Weinstein-Backpulver und Salz mischen. Sojadrink, Erdnussmus und Ahornsirup dazugeben und alles mit dem Schneebesen verrühren.
2. Für die Schokovariante den Teig halbieren. Zu einer Hälfte Kakaopulver, Ahornsirup sowie 1 Esslöffel Wasser geben und unterrühren.
3. Etwas Öl in einer Pfanne erwärmen und den Teig mit einem kleinen Löffel hineingeben. Alternativ den Teig in einen Spritzbeutel füllen und damit kleine Portionen in die Pfanne setzen.
4. Die Mini-Pancakes bei mittlerer Hitze pro Seite etwa 2 Minuten backen.
5. Auf 4 Schalen verteilen und mit Früchten, pflanzlichem Joghurt oder Pflanzendrink garniert servieren.

*Verglichen mit Weißmehl liefert **Dinkelmehl** etwas mehr Eiweiß, B-Vitamine und Mineralstoffe wie Magnesium und Eisen. Die enthaltene Kieselsäure sorgt für festes Gewebe und wirkt sich positiv auf Nägel und Haare aus.*

GEKEIMTES BUCHWEIZEN-GRANOLA

Das schokoladige Granola schmeckt pur mit pflanzlicher Milch als schnelles Frühstück oder auch als Topping von Bowls wunderbar. Buchweizen ist eine gesunde Nährstoffbombe, durch das Keimen ist das Granola besonders nährstoffreich und gut verträglich.

Pro Portion (40 g) ca. 160 kcal, 5 g Protein, 19 g Kohlenhydrate, 4 g Ballaststoffe, 7 g Fett

ZUTATEN FÜR 1 BLECH

200 g Buchweizen
100 g Kürbiskerne
80 g Haselnüsse
180 g gemischte Trockenfrüchte (Datteln, Aprikosen)
⅛ TL Meersalz
50 g Kokosblütensirup oder Melasse
30 g Kakao-Nibs
25 g Kakaopulver
20 g Kokosraspel

1. Zum Keimen die Buchweizenkörner 20 Minuten in Wasser einweichen. In ein Sieb abgießen und abspülen. Das Sieb in eine Schüssel hängen, mit einem sauberen Tuch abdecken und bei Raumtemperatur 1 bis 2 Tage stehen lassen, bis die Körner zu keimen beginnen. Dabei den Buchweizen morgens und abends unter fließendem Wasser abspülen, bis sich Sprossen bilden.

2. Kürbiskerne und Haselnüsse 1 Stunde in Wasser einweichen. Bei Bedarf auch Datteln und Aprikosen 1 Stunde einweichen, damit sie weicher werden.

3. Kürbiskerne und Haselnüsse abgießen, Haselnüsse fein hacken.

4. Datteln und Aprikosen ebenfalls fein hacken und anschließend auf dem Schneidbrett mit einer Gabel zu einer Paste zerdrücken.

5. Den Backofen auf 80 °C vorheizen und ein Backblech mit Backpapier belegen.

6. Alle Zutaten für das Granola in eine Schüssel geben und von Hand gut miteinander zu einer klumpigen Masse verkneten.

7. Die Masse auf dem Backblech verteilen und etwa 3 Stunden im Ofen backen, bis das Granola durchgetrocknet und knusprig ist. Nach der Hälfte der Backzeit mit dem Pfannenwender wenden.

8. Herausnehmen und abkühlen lassen. Alternativ kann das Granola auch im Dörrgerät getrocknet werden.

*(i) **Buchweizen** enthält den Pflanzenstoff Rutin, der eine antioxidative Wirkung hat. Antioxidantien können Haut und Körper vor freien Radikalen schützen und so den Alterungsprozess verlangsamen. In Buchweizen steckt auch viel Eiweiß mit allen essenziellen Aminosäuren. So ist die Aminosäure Lysin enthalten, die als Bestandteil von Kollagen eine wichtige Rolle beim Aufbau und bei der Reparatur unseres Gewebes spielt. Die **Kürbiskerne** liefern Zink für eine schöne Haut.*

HIRSE-OVERNIGHT-OATS MIT HEIDELBEEREN

Pro Portion (ohne Topping)
ca. 396 kcal, 20 g Protein,
56 g Kohlenhydrate, 6 g Ballaststoffe, 8 g Fett

Dieses leckere Frühstück bereitet sich über Nacht quasi selbst zu, schmeckt herrlich erfrischend und eignet sich auch perfekt zum Mitnehmen. Statt Oats, also Haferflocken, verwende ich hier Hirseflocken.

ZUTATEN FÜR 4 PORTIONEN

200 g Hirseflocken
3 EL Chiasamen
2 EL Vanille-Proteinpulver oder Mandelmehl
1 Prise Meersalz
350 ml Sojadrink
350 g Sojajoghurt oder Soja-Skyr
3 EL Ahornsirup
abgeriebene Schale und ausgepresster Saft von 1 Bio-Zitrone
400 g Heidelbeeren, TK oder frisch

FÜR DAS TOPPING (OPTIONAL)

200 g Sojajoghurt
80 g dunkle Schokolade (70 % Kakao)
gehackte Pistazien
Meersalz

*Die blaue Farbe der **Heidelbeeren** stammt vom Pflanzenstoff Anthocyan. Dieser hat eine positive Wirkung auf den Körper: Anthocyane wirken antioxidativ und können so den Alterungsprozess der Haut verlangsamen.*

1. Hirseflocken, Chiasamen, Proteinpulver und Salz in eine Schüssel geben und mischen. Sojadrink, Sojajoghurt und Ahornsirup dazugeben und unterrühren.

2. Zitronenschale und Zitronensaft unter die Hirsemischung rühren. Zuletzt die Heidelbeeren dazugeben und unterheben.

3. Die Masse auf 4 Gläser verteilen und für mindestens 1 Stunde oder über Nacht im Kühlschrank quellen lassen.

4. Für das Topping etwas Sojajoghurt auf die Overnight Oats geben. Die Schokolade grob hacken, schmelzen und auf der Joghurtschicht verteilen. Mit gehackten Pistazien und Meersalz bestreuen.

5. Die Gläser nochmals kurz in den Kühlschrank stellen, bis die Schokolade fest geworden ist.

BAKED OATS

Baked Oats sind eine tolle Abwechslung auf dem Frühstückstisch, und für mein Basisrezept benötigt ihr nur drei Zutaten. Während der Frühstückskuchen im Backofen ist, könnt ihr bereits den ersten Kaffee genießen und euch auf den Tag einstimmen.

Pro Portion ca. 339 kcal, 13 g Protein, 51 g Kohlenhydrate, 9 g Ballaststoffe, 7 g Fett

ZUTATEN FÜR 2 PORTIONEN
Fett für die Form
120 g glutenfreie Haferflocken
250 ml Pflanzendrink
1 reife Banane (130 g ohne Schale)
1 Prise Salz

FÜR DAS TOPPING (OPTIONAL)
Beeren, andere Früchte, Schokodrops

VARIANTE APRIKOSE
Pro Portion ca. 335 kcal, 16 g Protein, 43 g Kohlenhydrate, 8 g Ballaststoffe, 8 g Fett

ZUTATEN FÜR 2 PORTIONEN
Fett für die Form
120 g glutenfreie Haferflocken
250 ml Pflanzendrink
3 Aprikosen, entsteint und halbiert
1 Prise Salz
3 EL Soja-Skyr oder Sojaquark

FÜR DAS TOPPING (OPTIONAL)
Aprikosen, Schokodrops, Walnüsse

1. Den Backofen auf 180 °C vorheizen und eine kleine Backform (ca. 12 × 15 cm) einfetten.
2. Haferflocken, Pflanzendrink, Banane (oder Aprikosen) sowie Salz in den Mixer geben und zerkleinern. Den Teig in die Backform füllen und mit dem Topping garnieren.
3. Für die Variante Aprikose die Hälfte des Teigs in die Form füllen. Darauf den Skyr geben und diesen mit dem restlichen Teig bedecken. Auch hier mit dem Topping garnieren.
4. Den Teig etwa 25 Minuten im Ofen backen. Herausnehmen und leicht abkühlen lassen.

---

*(i) **Haferflocken** liefern viele schön machende Mineralstoffe wie Selen, Zink und Eisen, zudem enthalten sie gesunde Fette, Ballaststoffe und pflanzliches Eiweiß. Durch diese Nährstoffkombination unterstützen Haferflocken ein gesundes Hautbild, kräftige Haare und ein straffes Bindegewebe. Für meine Familie bereite ich oft die doppelte Menge in einer größeren Backform zu, denn die Baked Oats schmecken sowohl warm als auch kalt.*

KAROTTEN-BANANEN-BROT

Pro Scheibe ca. 193 kcal,
5 g Protein, 23 g Kohlenhydrate,
5 g Ballaststoffe, 8 g Fett

Der saftige Kuchen schmeckt wunderbar zum Frühstück oder als Snack. Durch reichlich geriebene Karotten, Apfel und Banane ist das Gebäck herrlich saftig und natürlich süß.

ZUTATEN FÜR 1 BROT (12 SCHEIBEN)

20 g Chiasamen
3 reife Bananen (200 g ohne Schale)
200 g geriebene Karotten
1 Apfel, gerieben (ca. 130 g)
40 ml Ahornsirup
20 g flüssiges Kokosöl oder Mandelmus
abgeriebene Schale und 20 ml Saft von 1 Bio-Zitrone
140 g Dinkelmehl
80 g Haferflocken
70 g gemahlene Mandeln oder Haselnüsse
2 TL Weinstein-Backpulver
1 TL Zimtpulver
¼ TL Salz
50 g Rosinen (optional)
30 g Walnüsse, gehackt (optional)

1. Den Backofen auf 180 °C vorheizen und eine Kastenform (22 cm Länge) mit Backpapier auskleiden.

2. Die Chiasamen mit 100 Milliliter Wasser verrühren und 10 Minuten quellen lassen, bis ein Gel entsteht.

3. Die Bananen in eine Schüssel geben und zerdrücken. Karotten, Apfel, Ahornsirup, Kokosöl und gequollene Chiasamen dazugeben. Zitronenschale sowie Zitronensaft hinzufügen und alles gründlich verrühren.

4. Dinkelmehl, Haferflocken, Mandeln, Backpulver, Zimt sowie Salz dazugeben und alles mit dem Teigschaber zu einem Teig mischen. Rosinen und Walnüsse unterheben.

5. Den Teig in der vorbereiteten Kastenform verteilen und etwa 60 Minuten im Ofen backen.

6. Das Brot herausnehmen, kurz in der Form abkühlen lassen, dann aus der Form nehmen und vollständig auf einem Kuchengitter auskühlen lassen.

---

*(i) **Karotten** enthalten reichlich Beta-Carotin, eine Vorstufe von Vitamin A, das die Haut unterstützt und eine gesunde Frische ins Gesicht zaubert. **Haferflocken** und **Dinkel** liefern hochwertige Proteine und B-Vitamine für ein straffes Bindegewebe.*

SOCCA-KICHERERBSEN-PFANNKUCHEN

Pro Portion (4 Stück) ca. 179 kcal, 9 g Protein, 20 g Kohlenhydrate, 5 g Ballaststoffe, 6 g Fett

Socca, glutenfreie Pfannkuchen aus Kichererbsenmehl, sind eine tolle Abwechslung zum Frühstück oder als kleine Mahlzeit. Ich mische gern noch Gemüse unter den Teig.

ZUTATEN FÜR 12 STÜCK
150 g Kichererbsenmehl
½ TL Salz
½ TL gemahlene Kurkuma
1 EL Olivenöl
1 Zucchini (ca. 150 g)
¼ Kopf Blumenkohl (ca. 150 g)
Öl zum Ausbacken

ZUM SERVIEREN
100 g Sojajoghurt
½ TL Kräutersalz

1. Kichererbsenmehl, Salz und Kurkuma in eine Schüssel geben und mischen. 270 Milliliter Wasser sowie Olivenöl dazugeben und mit dem Schneebesen zu einem glatten Teig verrühren. Beiseitestellen.

2. Zucchini und Blumenkohl waschen und auf der Küchenreibe fein reiben. Unter den Teig mischen.

3. Etwas Öl in einer Pfanne erwärmen. Den Teig löffelweise in die Pfanne geben und die Pfannkuchen auf beiden Seiten goldbraun in dem Öl ausbacken.

4. Sojajoghurt und Kräutersalz verrühren. Die Pfannkuchen auf Teller geben und mit gewürztem Sojajoghurt sowie nach Belieben einer Handvoll Pflücksalat servieren.

*(i) **Kichererbsenmehl** eignet sich gut für die glutenfreie Küche und liefert reichlich Eiweiß sowie Ballaststoffe für eine gesunde Verdauung. **Zucchini** und **Blumenkohl** im Teig liefern zusätzliche Vitamine und Mineralien.*

PROTEIN-SCRAMBLE MIT KURKUMA UND SPINAT

Dieser leckere Scramble liefert wichtige Proteine und schmeckt herrlich zum Brunch mit getoastetem Brot.

Pro Portion ca. 252 kcal, 19 g Protein, 10 g Kohlenhydrate, 4 g Ballaststoffe, 15 g Fett

ZUTATEN FÜR 2 PORTIONEN

1 Zwiebel
1 EL Öl
260 g Tofu
2 TL Sojasauce
½ TL gemahlene Kurkuma
¼ TL Schwarzsalz (Kala Namak) oder Salz
60 g Sojajoghurt
1 kleine rote Paprikaschote
30 g Babyspinat
schwarzer Pfeffer, frisch gemahlen

ZUM SERVIEREN
Avocadoscheiben

1. Die Zwiebel abziehen und klein schneiden. Das Öl in einer Pfanne erwärmen und die Zwiebel unter gelegentlichem Rühren darin glasig dünsten.
2. Den Tofu mit den Händen in die Pfanne bröseln und anbraten. Mit Sojasauce, Kurkuma sowie Schwarzsalz würzen und bei mittlerer Hitze weiterbraten. Den Sojajoghurt unterrühren.
3. Die Paprikaschote waschen, putzen und in kleine Würfel schneiden. Den Babyspinat ebenfalls waschen, große Blätter grob hacken. Paprikawürfel und Spinat unter die Tofumischung rühren und nur kurz erwärmen, das Gemüse soll knackig bleiben.
4. Den Protein-Scramble mit Salz und Pfeffer würzen, mit Avocadoscheiben auf 2 Tellern anrichten und servieren.

ⓘ *Tofu liefert essenzielle Aminosäuren, ergänzt durch **Spinat** und **Paprika** punktet der Scramble zusätzlich mit Vitamin C, Provitamin A, Kalzium und Eisen – die perfekte Kombi für ein straffes Gewebe und eine strahlende Haut!*

HAFERBROT OHNE MEHL

Pro Scheibe ca. 187 kcal,
6 g Protein, 8 g Kohlenhydrate,
6 g Ballaststoffe, 13 g Fett

Dieses feine Brot kommt ganz ohne Mehl aus. Es lässt sich gut vorbereiten und schmeckt mit süßem oder herzhaftem Belag wunderbar.

ZUTATEN FÜR 1 BROT (14 SCHEIBEN)

150 g glutenfreie Haferflocken
130 g Sonnenblumenkerne
90 g Goldleinsamen
3 EL Chiasamen
3 EL Flohsamenschalen
1 TL Meersalz
65 g Nüsse, z. B. Haselnüsse, Cashewkerne
20 g weiches Kokosöl
10 ml Ahornsirup
Fett für die Form

ⓘ ***Sonnenblumenkerne*** *und* ***Leinsamen*** *enthalten pflanzliches Eiweiß sowie gesunde Fette und sind auch reich an Magnesium. Beides unterstützt den Fettsäureanteil der Haut sowie ein gesundes Wachstum der Haare.*

1. Haferflocken, Sonnenblumenkerne, Leinsamen, Chiasamen, Flohsamenschalen und Salz in eine Schüssel geben und mischen. Die Nüsse grob hacken und untermischen.

2. Kokosöl, Ahornsirup und 400 Milliliter lauwarmes Wasser dazugeben und alles gründlich verrühren.

3. Den Teig zugedeckt mindestens 3 Stunden oder über Nacht bei Raumtemperatur quellen lassen.

4. Den Backofen auf 180 °C vorheizen. Eine Kastenform (22 cm Länge) leicht einfetten und mit Backpapier auskleiden.

5. Den Teig in die vorbereitete Form füllen, dabei gut andrücken. 50 bis 60 Minuten im Ofen backen. Das Haferbrot herausnehmen und 10 Minuten in der Form abkühlen lassen. Anschließend vorsichtig aus der Form heben und vollständig auskühlen lassen.

SAUERTEIGBROT

Für ein knuspriges Sauerteigbrot wie vom Bäcker benötigt ihr nur vier Zutaten und etwas Zeit. Durch die lange Gehzeit werden schwer verdauliche Kohlenhydrate, sogenannte FODMAPs, reduziert; danach ist das Sauerteigbrot allgemein gut verträglich.

Pro Scheibe ca. 107 kcal, 5 g Protein, 19 g Kohlenhydrate, 4 g Ballaststoffe, 1 g Fett

ZUTATEN FÜR 1 BROT (16 SCHEIBEN)

50 g aktiver Sauerteigansatz (siehe S. 156)
500 g Mehl (ich nehme jew. 250 g Dinkel- und 250 g Weizenmehl) + etwas mehr für die Arbeitsfläche und das Gärkörbchen
12 g Salz

1. Den Sauerteigansatz mit 300 Gramm Wasser in eine große Schüssel geben und mit dem Schneebesen so lange verrühren, bis sich der Sauerteigansatz aufgelöst hat. Das Mehl dazugeben und alles mit einem Holzlöffel grob zu einem Teig mischen. Bei der Verwendung von Vollkornmehl werden zum Anrühren etwa 30 bis 50 Gramm Wasser mehr benötigt. Zugedeckt 30 Minuten quellen lassen.
2. Das Salz hinzufügen und den Teig mit den Knethaken der Küchenmaschine oder von Hand 10 Minuten kneten, bis er geschmeidig ist und nicht mehr klebt.
3. Den Teig in der Schüssel zugedeckt 4 bis 8 Stunden gehen lassen.
4. Den Teig auf die bemehlte Arbeitsfläche geben, etwas auseinanderziehen und mehrfach zur Mitte hin falten. Für eine längliche Brotform anschließend zur Seite hin rollen und mit der Naht nach oben in ein bemehltes Gärkörbchen legen.
5. Zugedeckt nochmals 1 Stunde gehen lassen. Alternativ mit Klarsichtfolie abgedeckt für 12 Stunden in den Kühlschrank stellen.
6. Den Backofen auf 240 °C vorheizen und dabei einen feuerfesten Topf mit Deckel oder einen Bräter in den Ofen stellen.
7. Den vorgeheizten Topf aus dem Ofen nehmen und den Teig mit der Naht nach unten aus dem Gärkörbchen in den Topf stürzen. Die Brotoberfläche mit einem scharfen Messer einschneiden und anschließend das Brot zugedeckt 20 Minuten im Ofen backen.
8. Den Deckel abnehmen und das Brot in weiteren 10 bis 15 Minuten goldbraun fertig backen. Es ist durchgebacken, wenn es hohl klingt, wenn man auf die Unterseite des Brotes klopft.
9. Das Brot aus dem Topf heben und auf einem Kuchengitter abkühlen lassen.

*Die **Sauerteiggärung** erfolgt durch aerob gärende Hefen, das dabei entstehende Kohlendioxid lässt den Teig aufgehen. Im Sauerteigansatz sind eine Vielzahl an »guten« Bakterien und Hefen enthalten, die gesund für den Darm sind. Diese »verdauen« das Mehl vor und bauen auch Phytinsäure ab, wodurch das Sauerteigbrot auch mit Weizen gut verträglich ist. Die Sauerteigbakterien und Hefen bauen den Zucker ab, somit hat ein Sauerteigbrot einen niedrigeren glykämischen Index als normale Hefebrote, d. h., der Blutzuckerspiegel bleibt stabiler und wir sind länger satt und zufrieden.*

SNACKS

GESUNDE ENERGIE FÜR ZWISCHENDURCH

In diesem Kapitel findet ihr meine Lieblingssnacks und kleine Gerichte. Snacks eignen sich hervorragend dazu, um zwischen den Mahlzeiten schnell neue Energie und gesunde Nährstoffe zu tanken.

Idealerweise sollten uns Snacks mit Nährstoffen versorgen und uns dabei helfen, einem Energietief zwischen den Mahlzeiten vorzubeugen. Außerdem müssen sie schnell verfügbar, unkompliziert in der Zubereitung und zum Mitnehmen geeignet sein. Hier ist die Verlockung bei Hunger oft groß, zu fertigen süßen Riegeln oder Ähnlichem zu greifen, die zwar rasch neue Energie liefern, dafür aber oft viel Zucker und Salz sowie wenig Nährstoffe enthalten. Wenn wir etwas für unser Wohlbefinden und eine schöne Haut tun möchten, sollten wir lieber nicht zu Snacks mit vielen Einfachzuckern greifen.

MEAL PREP LAUTET DAS ZAUBERWORT!

Ich bereite deshalb gern selbst gesunde Zwischenmahlzeiten zu, die sich im Voraus vorbereiten lassen oder schnell gemacht sind. So lassen sich z. B. nährstoffreiche Saatencracker (siehe S. 59), gesunde Dips oder Energiekugeln gut am Sonntag als Snacks für die ganze Woche auf Vorrat herstellen. Zum Mitnehmen nutze ich wiederverwendbare Edelstahlboxen, außerdem habe ich immer eine mit Wasser gefüllte Glasflasche dabei. Der Vorteil an selbst gemachten Snacks für unterwegs oder bei der Arbeit ist auch, dass ich so bei einer gesunden Ernährung bleibe. Mit ihnen fällt es mir leichter, auf die süßen Verlockungen aus der Bäckerei oder vom Kiosk zu verzichten.

HAUPTSACHE AUSGEWOGEN

Ich achte bei den Rezepten auf ein ausgewogenes Verhältnis von komplexen Kohlenhydraten, Proteinen, gesunden Fetten und Nährstoffen. Mit solchen Snacks bleibt der Blutzuckerspiegel besser im Gleichgewicht und Heißhungerattacken kann vorgebeugt werden. Während ich vormittags gern zu einem Snack wie meinen Müsliriegeln (siehe S. 52) oder Heidelbeerkugeln (siehe S. 55) greife, bevorzuge ich nachmittags meist eine Scheibe Brot mit Hummus oder Erbsendip (siehe S. 62).

Snacks für zwischendurch dürfen auch mal süß sein. Ich verwende dafür natürliche Süßungsmittel wie Früchte oder Ahornsirup und kombiniere diese immer mit einer Proteinkomponente. So besteht die Basis meiner Bliss Balls und Bites oft aus Haferflocken, Früchten, nährstoffreichen Nüssen oder Samen und natürlichem Proteinpulver.

Neben den in diesem Kapitel aufgeführten Snacks schmecken aber auch Reste vom Frühstück, Reste vom Mittagessen oder Suppen und Salate (siehe S. 67) wunderbar als Zwischenmahlzeit. Baked Oats z. B. sind ein gesunder, nährstoffreicher Snack, zudem eignen sie sich hervorragend zum Mitnehmen.

MÜSLIRIEGEL

Pro Stück ca. 141 kcal,
4 g Protein, 14 g Kohlenhydrate,
3 g Ballaststoffe, 7 g Fett

Die Müsliriegel sind schnell gemacht und der perfekte Snack für zwischendurch. Sie schmecken der ganzen Familie und sind gesünder als fertige Produkte.

ZUTATEN FÜR 16 STÜCK

250 g ungezuckerte Früchtemüsli-Mischung oder 200 g Haferflocken und 50 g getrocknete Früchte in Stücken
65 g Walnüsse, gehackt
30 g geschälte Hanfsamen
25 g geschrotete Leinsamen
1 TL Zimtpulver
⅛ TL Meersalz
220 g ungezuckertes Apfelmus
65 ml Ahornsirup
60 g Mandelmus
Fett für die Form

*ⓘ **Walnüsse**, **Hanfsamen** und **Leinsamen** liefern wichtige Omega-3-Fettsäuren, die sich positiv auf die Haut auswirken. Sie enthalten auch Zink, das die Wundheilung und die Zellerneuerung unterstützt.*

1. Früchtemüsli-Mischung, Walnüsse, Hanfsamen, Leinsamen, Zimt und Salz in eine Schüssel geben und mischen. Apfelmus, Ahornsirup und Mandelmus dazugeben und alles gründlich verkneten. Den Teig 10 Minuten quellen lassen.

2. Den Backofen auf 180 °C vorheizen. Eine quadratische Backform (20 × 20 cm) einfetten oder mit Backpapier auskleiden.

3. Den Teig gleichmäßig in der vorbereiteten Form verteilen und dabei fest andrücken. 30 bis 35 Minuten goldbraun im Ofen backen.

4. Die Müsliriegel aus dem Ofen nehmen und in der Form vollständig abkühlen lassen. Anschließend vorsichtig aus der Form heben und mit einem Messer in 16 quadratische Riegel schneiden.

HERZHAFTE PROTEINRIEGEL

Die Proteinriegel stecken voller Nährstoffe und eignen sich perfekt zum Mitnehmen. Sie schmecken pur oder mit Hummus bestrichen ganz wunderbar.

Pro Stück ca. 96 kcal, 6 g Protein, 7 g Kohlenhydrate, 2 g Ballaststoffe, 4 g Fett

1. Den Backofen auf 180 °C vorheizen und eine quadratische Backform (20 × 20 cm) einfetten oder mit Backpapier auskleiden.
2. Quinoa, Proteinpulver, Hafermehl, Haselnüsse, Chiasamen, Hanfsamen, Salz und Pfeffer in eine Schüssel geben und mischen.
3. Den Soja-Skyr dazugeben und alles gründlich verrühren. Die Masse gleichmäßig in der vorbereiteten Form verteilen, dabei gut andrücken.
4. Die Masse etwa 50 Minuten im Ofen backen. Herausnehmen, 10 Minuten in der Form abkühlen lassen, aus der Form heben und vollständig auskühlen lassen. In 16 Riegel schneiden und genießen.

ZUTATEN FÜR 16 STÜCK

Fett für die Form
300 g Quinoa, gekocht
60 g Sonnenblumen-Proteinpulver oder Mandelmehl
50 g Hafermehl oder glutenfreie Haferflocken
60 g Haselnüsse, gehackt und geröstet
25 g Chiasamen
20 g Hanfsamen
1 TL Meersalz
¼ TL schwarzer Pfeffer, frisch gemahlen
300 g Soja-Skyr Natur

*ⓘ **Quinoa** ist eine gute pflanzliche Eiweißquelle und liefert komplexe Kohlenhydrate sowie Ballaststoffe. In Quinoa und **Sonnenblumenkernen** ist die essenzielle Aminosäure Lysin enthalten, die als wichtiger Baustein die Festigkeit des Bindegewebes fördert.*

HEIDELBEER-BLISS-BALLS

Die Bliss Balls sind der perfekte Snack für unterwegs, zudem eignen sie sich hervorragend als Zwischenmahlzeit oder Dessert. Die schöne lila Farbe der Kugeln kommt von den tiefgefrorenen Heidelbeeren.

Pro Stück (30 g) ca. 91 kcal, 4 g Protein, 10 g Kohlenhydrate, 3 g Ballaststoffe, 4 g Fett

1. Alle Zutaten in den Mixer geben und zu einer teigigen Masse verarbeiten.
2. Mit einem Löffel kleine Portionen von der Masse abnehmen und mit den Händen zu Kugeln rollen.
3. Die Kugeln in Kokosraspeln und/oder gehackten Pistazien wälzen.
4. Die Heidelbeer-Bliss-Balls im Kühlschrank lagern oder für längere Zeit einfrieren.

ZUTATEN FÜR 16 STÜCK

120 g TK-Heidelbeeren
100 g weiche entsteinte Datteln, z. B. Medjool-Datteln
100 g glutenfreie Haferflocken
65 g ungesüßtes Erdnussmus
60 g Sonnenblumen-Proteinpulver oder Haferflocken
25 g Kokosraspel
¼ TL Salz

ZUM WÄLZEN
Kokosraspel, gehackte Pistazien

*ⓘ **Heidelbeeren** liefern Vitamin C und Vitamin E für ein gesundes Bindegewebe. Der Pflanzenstoff Anthocyan sorgt für die blaue Farbe der Früchte und ist ein wirksames Antioxidans, das vor freien Radikalen schützt.*

CARROT CAKE BITES

Die Karottenkuchenkugeln sind natürlich gesüßt und vollgepackt mit gesunden Nährstoffen. Ein leckerer Snack für zwischendurch oder als schnelles Frühstück.

Pro Stück ca. 118 kcal, 3 g Protein, 16 g Kohlenhydrate, 3 g Ballaststoffe, 5 g Fett

ZUTATEN FÜR 14 STÜCK

170 g geriebene Karotten
200 g getrocknete Aprikosen
100 g glutenfreie Haferflocken
90 g gemischte Nüsse, z. B. Walnüsse, Haselnüsse, Cashewkerne
abgeriebene Schale und 2 EL Saft von 1 Bio-Zitrone
½ TL Zimtpulver
¼ TL Meersalz
40 g Rosinen

ZUM WÄLZEN
Kokosraspel, gehackte Pistazien

1. Alle Zutaten bis auf die Rosinen, die Kokosraspel und die Pistazien in den Mixer geben und zu einer teigigen Masse verarbeiten. Nun die Rosinen dazugeben und nochmals kurz mixen.
2. Mit einem Löffel kleine Portionen von der Masse abnehmen und mit den Händen zu Kugeln rollen.
3. Die Kugeln in Kokosraspeln und/oder gehackten Pistazien wälzen.
4. Die Carrot Cake Bites im Kühlschrank lagern oder für längere Zeit einfrieren.

ⓘ *__Karotten__ und __Aprikosen__ liefern reichlich Beta-Carotin, die Vorstufe von Vitamin A. Da noch __Haferflocken__ und __Nüsse__ hinzukommen, stecken in den Kugeln auch Vitamin E und Mineralstoffe wie Kupfer, Mangan und Zink für eine gesunde Haut.*

SAATENCRACKER

Die knusprigen Cracker sind unglaublich lecker, zudem sind sie schnell gemacht und liefern Eiweiß sowie gesunde Ballaststoffe. Die Saatencracker passen perfekt zu Dips oder Hummus.

Pro Stück (15 g) ca. 79 kcal, 3 g Protein, 1 g Kohlenhydrate, 3 g Ballaststoffe, 6 g Fett

1. Sonnenblumenkerne, Kürbiskerne, Chiasamen, Leinsamen und Salz in eine Schüssel geben und gründlich mischen. Mit 260 Milliliter heißem Wasser übergießen und etwa 20 Minuten quellen lassen, bis das Wasser aufgesogen ist.
2. Den Backofen auf 180 °C vorheizen und ein Backblech mit Backpapier belegen.
3. Die Kerne-Samen-Masse mit dem Teigschaber möglichst dünn auf dem Backblech verteilen und anschließend mit Meersalz bestreuen.
4. Die Masse in etwa 40 Minuten im Ofen knusprig backen. Auskühlen lassen und in rund 20 Cracker brechen.

ZUTATEN FÜR CA. 20 STÜCK
75 g Sonnenblumenkerne
75 g Kürbiskerne
75 g Chiasamen
75 g Leinsamen
½ TL Salz
grobes Meersalz zum Bestreuen

*ⓘ **Leinsamen** und **Chiasamen** verfügen über einen hohen Gehalt an Omega-3-Fettsäuren, wodurch die Haut schön geschmeidig bleibt. Zudem liefern die Samen und Kerne Mineralstoffe wie Eisen und Magnesium.*

SPINATHUMMUS

BLACK-BEAN-HUMMUS
ERBSENDIP
PINK HUMMUS

HUMMUS-VARIANTEN

Cremiger Hummus kommt bei uns täglich auf den Tisch. Hier findet ihr meine bunte Auswahl mit einem gesunden Plus an Gemüse.

Pro Portion ca. 125 kcal,
3 g Protein, 6 g Kohlenhydrate,
3 g Ballaststoffe, 9 g Fett

ZUTATEN FÜR 4 PORTIONEN
200 g TK-Erbsen
Salz zum Blanchieren
1 Knoblauchzehe
2 EL Olivenöl
1 EL flüssiges Tahini (Sesammus)
Saft von 1 Limette
5 Minzeblätter (optional)
½ TL Salz
schwarzer Pfeffer, frisch gemahlen

ERBSENDIP

1. Die Erbsen in kochendem Salzwasser in rund 2 Minuten bissfest garen. Abgießen und in eine Schüssel mit Eiswasser geben, so behalten sie ihre grüne Farbe. Alternativ die Erbsen bei Raumtemperatur auftauen lassen.
2. Den Knoblauch abziehen und grob hacken.
3. Die Erbsen in ein Sieb abgießen und abtropfen lassen. Mit Knoblauch, Olivenöl, Tahini, Limettensaft und Minzeblättern in den Mixer geben und fein pürieren.
4. Mit Salz und Pfeffer würzen und servieren.

*ⓘ In **Erbsen** stecken reichlich B-Vitamine wie z. B. Vitamin B3 sowie Vitamin C. Sie sollten nicht zu lange gekocht und nur bissfest gegart werden, so bleiben die Nährstoffe erhalten und die Erbsen schmecken knackig und frisch.*

Pro Portion ca. 208 kcal,
6 g Protein, 14 g Kohlenhydrate,
5 g Ballaststoffe, 13 g Fett

ZUTATEN FÜR 4 PORTIONEN
260 g Kichererbsen, gekocht
100 g vorgegarte Rote Bete
2 EL Olivenöl
2 EL flüssiges Tahini (Sesammus)
Saft von 1 kleinen Zitrone
½ TL Salz
½ TL gemahlener Kreuzkümmel
Knoblauch (nach Belieben)

PINK HUMMUS

1. Die Kichererbsen mit Roter Bete, Olivenöl, Tahini und Zitronensaft in den Mixer geben und fein pürieren. Je nach gewünschter Konsistenz noch etwas Wasser untermixen.
2. Den Pink Hummus mit Salz und Kreuzkümmel würzen und nach Belieben mit Knoblauch und/oder mehr Olivenöl verfeinert servieren.

*ⓘ Die **Rote Bete** sorgt nicht nur für die schöne Farbe, sie steckt auch voller blutbildender Nährstoffe wie Folsäure und Eisen.*

BLACK-BEAN-HUMMUS

Pro Portion ca. 193 kcal, 7 g Protein, 11 g Kohlenhydrate, 6 g Ballaststoffe, 11 g Fett

ZUTATEN FÜR 4 PORTIONEN
250 g schwarze Bohnen, gekocht
2 EL Olivenöl
2 EL flüssiges Tahini (Sesammus)
Saft von 1 Limette
½ TL Salz
½ TL Pfeffer, frisch gemahlen
Knoblauch (nach Belieben)

1. Die Bohnen mit Olivenöl, Tahini und Limettensaft in den Mixer geben und fein pürieren. Je nach gewünschter Konsistenz noch etwas Wasser untermixen.
2. Den Black-Bean-Hummus mit Salz und Pfeffer würzen und nach Belieben mit Knoblauch und/oder mehr Olivenöl verfeinert servieren.

ⓘ **Schwarze Bohnen** *liefern viel pflanzliches Eiweiß und gesunde Ballaststoffe. Generell sind Bohnen reich an sekundären Pflanzenstoffen wie Flavonoiden, die als Antioxidantien und entzündungshemmend wirken.*

SPINATHUMMUS

Pro Portion ca. 126 kcal, 5 g Protein, 9 g Kohlenhydrate, 4 g Ballaststoffe, 7 g Fett

ZUTATEN FÜR 4 PORTIONEN
200 g Kichererbsen, gekocht
30 g Spinat
1 EL Tahini (Sesammus)
1 EL Olivenöl
Saft von ¼ Zitrone
½ Knoblauchzehe, abgezogen
½ TL Currypulver
¼ TL Salz
schwarzer Pfeffer, frisch gemahlen
Knoblauch (nach Belieben)

1. Die Kichererbsen mit Spinat, Tahini, Olivenöl, Zitronensaft, Knoblauch, Curry und 60 Milliliter Wasser in den Mixer geben und fein pürieren. Je nach gewünschter Konsistenz noch etwas Wasser untermixen.
2. Den Spinathummus mit Salz und Pfeffer würzen und nach Belieben mit mehr Knoblauch und/oder mehr Olivenöl verfeinert servieren.

ⓘ **Spinat** *enthält eine Menge Magnesium und Kalium sowie antioxidativ wirkende Pflanzenstoffe. Durch die Mineralien entsäuert das Gemüse den Körper und wirkt entzündungshemmend.*

SÜSSKARTOFFEL-GEMÜSE-WEDGES

Pro Portion ca. 135 kcal, 2 g Protein, 26 g Kohlenhydrate, 16 g Ballaststoffe, 6 g Fett

Die Wedges sind unglaublich lecker und einfach gemacht. Ich liebe sie als Snack mit einem Dip oder mit einem großen Salat als einfaches Gericht.

ZUTATEN FÜR 4 PORTIONEN
2 Süßkartoffeln (ca. 260 g)
2 Karotten (ca. 120 g)
200 g Butternusskürbis
1 EL Kokosmehl
1 EL Ahornsirup
1 EL Olivenöl
1 TL Salz
1 TL Zimtpulver
1 TL Chilipulver

*(i) **Kürbis** liefert Provitamin A, Kieselsäure und Mineralstoffe und unterstützt so eine gesunde Haut sowie stabile Nägel.*

1. Den Backofen auf 200 °C vorheizen und ein Backblech mit Backpapier belegen.
2. Die Süßkartoffeln waschen und mit der Schale in längliche Stücke schneiden. Karotten und Kürbis schälen und ebenfalls in längliche Stücke schneiden. Das Gemüse in eine Schüssel geben und gründlich mit Kokosmehl, Ahornsirup, Olivenöl, Salz, Zimt und Chili vermengen.
3. Die Gemüse-Wedges mit etwas Abstand zueinander auf dem Backblech verteilen und 30 Minuten im Ofen backen. Wenden und in weiteren 10 bis 15 Minuten knusprig backen.
4. Die Wedges nach Belieben mit gehackten frischen Kräutern garnieren und mit Dips servieren.

BLUMENKOHL-WINGS

Die knusprigen, glutenfreien Wings sind ein toller Snack, der ölfrei im Ofen gebacken wird. Als Variante mische ich gern auch ein paar Brokkoliröschen dazu.

Pro Portion ca. 179 kcal, 12 g Protein, 21 g Kohlenhydrate, 7 g Ballaststoffe, 3 g Fett

ZUTATEN FÜR 4 PORTIONEN

1 mittelgroßer Blumenkohl oder Brokkoli
130 g Kichererbsenmehl
2 EL Hefeflocken
1 TL Paprikapulver
½ TL gemahlene Kurkuma
½ TL Salz

1. Den Backofen auf 200 °C vorheizen und ein Backblech mit Backpapier belegen.
2. Den Blumenkohl waschen und in Röschen teilen.
3. Kichererbsenmehl, Hefeflocken, Paprikapulver, Kurkuma und Salz in eine Schüssel geben und mischen. 230 Milliliter Wasser dazugeben und alles mit dem Schneebesen verrühren, bis ein dickflüssiger Teig entstanden ist.
4. Die Blumenkohlröschen durch den Teig ziehen, leicht abtropfen lassen und auf das Backblech legen.
5. Etwa 20 Minuten im Ofen backen, dann wenden und in weiteren 10 Minuten knusprig backen.
6. Die Blumenkohl-Wings aus dem Ofen nehmen und leicht abkühlen lassen. Nach Belieben mit Dips servieren.

*(i) **Hefeflocken** sind reich an B-Vitaminen wie Vitamin B1, B3, B6 und B5. Letzteres ist notwendig für die Regeneration und das Wachstum der Hautzellen; so sorgt es für eine strahlende Haut.*

SUPPEN & SALATE

NÄHRSTOFFREICHE LEICHTE MAHLZEITEN

Suppen und Salate sind wahre Nährstoffbomben, einfach gemacht und perfekt als leichte Mahlzeit geeignet. In diesem Kapitel findet ihr wärmende Suppen und leckere Salat-Bowls.

Selbst gemachte Suppen sind ideal, um den Körper von innen zu stärken und unsere Haut Löffel für Löffel mit wichtigen Nährstoffen zu versorgen. Bei meinen Suppenrezepten lasse ich mich gern von den Vorräten zu Hause oder meiner saisonalen Gemüsekiste vom Bauernhof inspirieren. Nach Belieben können die Suppen in diesem Kapitel stückig gelassen oder vollständig püriert werden; sie eignen sich auch gut zum Mitnehmen und Aufwärmen, etwa in der Arbeit. Meine Familie liebt cremige Suppen, unser Favorit ist die Süßkartoffel-Karotten-Suppe (siehe S. 68).

Durch das Gemüse und die Flüssigkeit enthalten Suppen konzentriert Nährstoffe wie Vitamine und Mineralien, aber auch Ballaststoffe für eine gesunde Verdauung. Ich esse Suppen gern als leichte Mahlzeit, kombiniert mit einem Salat und Brot. Für zusätzliche Proteine könnt ihr Suppen noch mit gebratenen Tofuwürfeln, gerösteten Kichererbsen oder Bohnen als Topping ergänzen.

BUNTE UND GESUNDE VIELFALT

Egal was es bei uns zu essen gibt, ich mache dazu fast immer noch einen kleinen Salat oder genieße bunte Salat-Bowls auch gern als eigenständige Mahlzeit. Bei Salaten gibt es unzählige Kombinationsmöglichkeiten hinsichtlich der Zutaten und Dressings, weshalb sie auch nie langweilig werden. Durch ihre komplexen Kohlenhydrate und Proteine sind die Salate in diesem Kapitel auch ein ideales Essen bei hohen Temperaturen, denn sie liefern viel Flüssigkeit. Außerdem bleibt so meine Küche an heißen Sommertagen kalt. Ein klassischer Sommersalat ist der erfrischende Wassermelonen-Avocado-Salat (siehe S. 79), der die Haut mit besonders viel Feuchtigkeit von innen versorgt. Im Herbst bereite ich gern den Superfood-Grünkohlsalat (siehe S. 78) zu, der reichlich Vitamin C, Vitamin E und Vitamin K enthält – ideal, um den Körper mit Nährstoffen zu versorgen, was eine strahlende Haut unterstützt.

Neben gesunden Basiszutaten eignen sich Nüsse und Samen als nährstoffreiche Toppings. So liefern geröstete Mandeln zusätzlich Vitamin E oder Hanfsamen Omega-3-Fettsäuren, die die Haut vor freien Radikalen etwa aus UV-Strahlen schützen.

Die Salat- und Suppenrezepte in diesem Kapitel könnt ihr nach Belieben anpassen oder ergänzen. So vertrage ich beispielsweise rohe Zwiebel oder Knoblauch nicht so gut und verzichte lieber darauf. Ihr könnt eure Salat-Bowls aber gut noch mit roten Zwiebeln und Dressings mit Knoblauch ergänzen. Der Fantasie sind bei Salaten keine Grenzen gesetzt!

SÜSSKARTOFFEL-KAROTTEN-SUPPE MIT INGWER

Pro Portion ca. 266 kcal,
4 g Protein, 26 g Kohlenhydrate,
6 g Ballaststoffe, 14 g Fett

Die cremige Karottensuppe steckt voller gesunder Nährstoffe wie Beta-Carotin und schmeckt durch den Ingwer und die Kokosmilch herrlich frisch.

ZUTATEN FÜR 2 PORTIONEN
2 Süßkartoffeln (ca. 200 g)
5 Karotten (ca. 200 g)
½ rote Zwiebel
1 Stück Ingwer (ca. 2 cm)
1 EL Olivenöl
300 ml Gemüsebrühe
200 ml Kokosmilch
Salz
schwarzer Pfeffer, frisch gemahlen

ZUM SERVIEREN
Rucola
Tofuwürfel, gebraten

1. Süßkartoffeln und Karotten schälen, die Zwiebel abziehen. Alles in Stücke schneiden. Den Ingwer waschen und klein schneiden.

2. Das Olivenöl in einem Topf erhitzen und das Gemüse unter Rühren etwa 2 Minuten darin andünsten. Die Gemüsebrühe angießen und aufkochen. Anschließend die Hitze reduzieren und alles zugedeckt etwa 15 Minuten köcheln lassen.

3. Die Kokosmilch dazugeben und kurz erhitzen. Die Suppe pürieren.

4. Die Suppe mit Salz und Pfeffer würzen, auf 2 Teller verteilen und mit Rucola sowie gebratenen Tofuwürfeln garniert servieren.

---

*Die **Ingwerknolle** enthält Vitamin C sowie die Mineralstoffe Eisen, Magnesium und Phosphor. Zudem ist Ingwer reich an ätherischen Ölen, sein Gingerol etwa ist für die Schärfe verantwortlich. Die Stoffe wirken entzündungshemmend und durchblutungsfördernd, was ein gesundes Hautbild unterstützt.*

SUPERGRÜNE BROKKOLISUPPE

Meine supergrüne Suppe ist mit wenigen Zutaten gemacht und leicht verdaulich, zudem wirkt sie basenüberschüssig. Sie schmeckt wunderbar als kleine Mahlzeit oder Vorspeise.

Pro Portion ca. 295 kcal,
14 g Protein, 21 g Kohlenhydrate,
12 g Ballaststoffe, 15 g Fett

ZUTATEN FÜR 2 PORTIONEN

2 Brokkoli (ca. 680 g)
1 kleine Zwiebel
2 EL Olivenöl
1 EL Sojasauce
1 TL Meersalz
1 TL schwarzer Pfeffer, frisch gemahlen
¼ TL Cayennepfeffer
¼ TL Muskatnuss, frisch gerieben
85 g TK-Erbsen
100 g Babyspinat

ZUM SERVIEREN

Kresse
Kürbis-Parmesan (siehe S. 158)
Limettenscheiben

1. Den Brokkoli waschen und in Stücke schneiden. Dabei den Strunk etwas kürzen, schälen und ebenfalls klein schneiden. Die Zwiebel abziehen und klein schneiden.

2. Das Olivenöl in einem Topf erhitzen und Brokkoli sowie Zwiebel unter gelegentlichem Rühren einige Minuten darin anbraten.

3. Sojasauce, Meersalz, schwarzen Pfeffer, Cayennepfeffer, Muskatnuss und Erbsen dazugeben und 800 Milliliter Wasser angießen. Die Suppe zugedeckt bei geringer Hitze etwa 15 Minuten köcheln lassen.

4. Den Spinat waschen und zur Suppe geben. Nur kurz mitkochen. Anschließend die Suppe pürieren und mit Salz sowie Pfeffer abschmecken.

5. Die supergrüne Suppe auf 2 Teller verteilen und mit Kresse, Kürbis-Parmesan sowie Limettenscheiben garniert servieren.

---

*In **Brokkoli** stecken Vitamin C, Vitamin K, Beta-Carotin und Mineralstoffe wie Eisen sowie Kalzium. Die enthaltenen Schwefelverbindungen sind wichtig für die Synthese von Kollagen, das unserer Haut Struktur verleiht, sowie die Bildung des antioxidativ wirkenden Glutathion.*

SOMMERLICHER PASTASALAT

Mein einfacher Pastasalat kommt immer gut an und sorgt mit reichlich Gemüse und Tofu für gesunde Ballaststoffe und Proteine. Die perfekte Mahlzeit oder Beilage zum Grillen im Sommer!

Pro Portion ca. 336 kcal, 20 g Protein, 45 g Kohlenhydrate, 11 g Ballaststoffe, 8 g Fett

ZUTATEN FÜR 4 PORTIONEN

250 g Penne, Fusilli oder Farfalle
Salz für die Nudeln
1 Zucchini (ca. 300 g)
130 g Cherrytomaten
100 g Babyspinat
100 g weiße Bohnen, gekocht
1 Frühlingszwiebel
230 g Tofu mit Kräutern oder Natur
Öl zum Braten
2 EL Avocado- oder Olivenöl
2 EL Aceto balsamico
½ TL Salz
schwarzer Pfeffer, frisch gemahlen

1. Die Pasta in gut gesalzenes, kochendes Wasser geben und in 2 Minuten weniger als in der Packungsanleitung angegeben bissfest garen. Abgießen.
2. Die Zucchini waschen, halbieren und in Scheiben schneiden. Die Cherrytomaten waschen und halbieren. Den Spinat waschen und grob hacken. Das Gemüse, die Bohnen und die warmen, gekochten Nudeln in eine große Schüssel geben.
3. Die Frühlingszwiebel waschen und in Ringe schneiden, den Tofu würfeln. Etwas Öl in einer Pfanne erhitzen und Frühlingszwiebel sowie Tofuwürfel unter Rühren in etwa 5 Minuten darin knusprig braten. In die Schüssel zur Pastamischung geben.
4. Avocadoöl, Essig, Salz und Pfeffer dazugeben und alles gut vermengen. Den Salat abkühlen lassen und anschließend nochmals mit Salz sowie Pfeffer abschmecken.

ⓘ ***Avocadoöl** wird aus dem Fruchtfleisch der Avocado gewonnen und liefert die fettlöslichen Vitamine A, D und E sowie mehrfach ungesättigte Fettsäuren. Vitamin E ist ein wichtiger Entzündungshemmer und wird in den Fettzellen der Haut gespeichert, deshalb sollten wir immer genügend Vitamin E über die Nahrung aufnehmen.*

REGENBOGEN-LINSENSALAT

Pro Portion ca. 442 kcal,
14 g Protein, 59 g Kohlenhydrate,
12 g Ballaststoffe, 14 g Fett

Mein bunter Linsensalat schmeckt als leichtes Hauptgericht oder als Beilage und lässt sich gut vorbereiten – etwas durchgezogen schmeckt er einfach wunderbar! Der Salat liefert dank der schwarzen Linsen reichlich Proteine und gesunde Ballaststoffe.

ZUTATEN FÜR 4 PORTIONEN

120 g Beluga-Linsen (schwarze Linsen)
4 Karotten (ca. 300 g)
1 Zucchini (ca. 230 g)
300 g grüner Spargel
1 rote Zwiebel
2 EL Olivenöl
1 EL Oregano
1 TL Kümmelsamen
1 TL Salz
1 rote Paprikaschote (ca. 120 g)

FÜR DAS DRESSING

45 g Tahini (Sesammus)
40 ml Zitronensaft, frisch gepresst
40 ml Apfelessig
10 ml Ahornsirup
¼ TL Salz
¼ TL schwarzer Pfeffer, frisch gemahlen

ZUM GARNIEREN (OPTIONAL)

20 g Rucola, 50 g Tofu-Feta, Zitronenscheiben

(i) ***Linsen*** *enthalten das für die Kollagenbildung wichtige Mangan und Kupfer. Außerdem wirken Mangan und Kupfer als Antioxidantien und können die Zellen vor oxidativem Stress schützen. Zudem sind Linsen eine gute pflanzliche Proteinquelle und reich an Ballaststoffen.*

1. Den Backofen auf 200 °C vorheizen und ein Backblech mit Backpapier belegen.

2. Die Linsen in ein Sieb geben und gut abspülen. Anschließend in einen Topf geben und mit der doppelten Menge Wasser zum Kochen bringen. Die Hitze reduzieren und die Linsen zugedeckt etwa 25 Minuten köcheln lassen.

3. Die Karotten schälen und in Scheiben schneiden. Die Zucchini waschen, längs halbieren und in Stücke schneiden. Den Spargel waschen, von den holzigen Enden befreien und in etwa 3 Zentimeter lange Stücke schneiden. Die Zwiebel abziehen und ebenfalls in Stücke schneiden.

4. Das Gemüse auf dem Backblech verteilen und mit Olivenöl, Oregano, Kümmel und Salz mischen.

5. Etwa 25 Minuten im Ofen backen. Herausnehmen und leicht abkühlen lassen.

6. Die Paprikaschote waschen, putzen und in Stücke schneiden.

7. Die Zutaten für das Dressing in eine Schüssel geben und mit dem Schneebesen glatt rühren.

8. Die Linsen abgießen und mit dem Ofengemüse sowie den Paprikastücken in eine große Schüssel füllen. Alles gründlich vermengen. Vor dem Servieren das Dressing über den Salat träufeln und noch einmal alles mischen.

9. Den Linsensalat auf 4 Teller verteilen und nach Belieben mit Rucola, Tofu-Feta und Zitronenscheiben garniert servieren.

KNACKIG GRÜNER KRAUTSALAT

Pro Portion ca. 239 kcal,
6 g Protein, 11 g Kohlenhydrate,
6 g Ballaststoffe, 18 g Fett

Der knackige, grüne Salat ist schnell zubereitet und liefert viele Nährstoffe wie Vitamine sowie gesunde Fette aus dem Dressing. So schmeckt »Grünzeug« alles andere als langweilig!

ZUTATEN FÜR 4 PORTIONEN

FÜR DEN SALAT
1 kleiner Kopf Weißkohl (ca. 680 g)
1 große Salatgurke (ca. 300 g)
1 Bund Schnittlauch

FÜR DAS DRESSING
30 g Babyspinat
1 Bund Kräuter, z. B. Basilikum, Schnittlauch oder Petersilie
1 Knoblauchzehe
Saft von 2 kleinen Zitronen
50 ml Olivenöl
2 EL Apfelessig
30 g Walnüsse
20 g Hefeflocken
1 TL Meersalz
½ TL Kümmelsamen

*(i) **Weißkohl** enthält viel Vitamin C und Vitamin E, das die Festigkeit der Haut unterstützt. **Walnüsse** liefern Omega-3-Fettsäuren – in Kombination mit Vitamin E ein wirkungsvoller Entzündungshemmer für einen strahlenden Teint.*

1. Für den Salat das Gemüse waschen, trocknen und jeweils in feine Streifen, Würfel und Röllchen schneiden. In eine große Schüssel geben und mischen.

2. Für das Dressing Spinat und Kräuter waschen, den Knoblauch abziehen. Mit Zitronensaft, Öl, Essig, Walnüssen, Hefeflocken, Salz und Kümmel in den Hochleistungsmixer geben und pürieren. Wenn das Dressing zu dick ist, noch etwas Wasser unterrühren.

3. Das Dressing über den Salat träufeln und alles gut vermischen.

SUPERFOOD-GRÜNKOHLSALAT

Pro Portion ca. 392 kcal,
8 g Protein, 35 g Kohlenhydrate,
10 g Ballaststoffe, 23 g Fett

Der aromatische Grünkohlsalat schmeckt sehr frisch und liefert viele Nährstoffe. So zubereitet ist der Grünkohl auch sicherlich jedermanns Geschmack.

ZUTATEN FÜR 2 PORTIONEN
200 g Grünkohl
2 EL Olivenöl
2 Karotten
1 Apfel
50 g Trauben
1 Bund Koriander
Saft von 2 Clementinen oder 1 Zitrone
2 EL Cranberrys
2 EL Kürbiskerne
1 EL Tahini (Sesammus)
½ EL Ahornsirup
1 EL Apfelessig
1 TL Salz
schwarzer Pfeffer, frisch gemahlen

1. Den Grünkohl waschen und die Blätter vom Strunk in der Mitte abzupfen. Die Blätter grob hacken und in eine Schüssel geben. Das Olivenöl dazugeben und die Grünkohlblätter mit den Händen etwa 2 Minuten massieren, bis sie schön weich sind.

2. Die Karotten schälen und mit dem Sparschäler in Streifen schneiden. Den Apfel waschen, entkernen und in Würfel schneiden. Die Trauben halbieren. Mit Karottenstreifen und Apfelwürfeln zum Grünkohl geben.

3. Den Koriander waschen und grob hacken. Mit Clementinensaft, Cranberrys, Kürbiskernen, Tahini, Ahornsirup, Apfelessig, Salz und Pfeffer zum Salat geben und alles gründlich mischen. Den Grünkohlsalat 10 Minuten ziehen lassen.

4. Den Salat nochmals mit Salz und Pfeffer abschmecken, auf Tellern anrichten und servieren.

*ⓘ **Grünkohl** ist besonders reich an Vitamin C, E und K und steckt voller Antioxidantien. Die Vitamine und die Antioxidantien können den Körper vor Schäden durch freie Radikale beispielsweise durch UV-Licht schützen und so auch vorzeitiger Hautalterung vorbeugen.*

WASSERMELONEN-AVOCADO-SALAT

Der Wassermelonensalat mit seinen wenigen Zutaten ist schnell gemacht und die perfekte Erfrischung im Sommer. Durch die Kombi mit gesunden Fetten aus der Avocado ist dies eines meiner liebsten Salatrezepte.

Pro Portion ca. 352 kcal, 8 g Protein, 41 g Kohlenhydrate, 5 g Ballaststoffe, 18 g Fett

1. Wassermelone, Gurke und Avocado schälen, bei Bedarf entkernen und in Würfel schneiden. Die Erdbeeren waschen, putzen und in Stücke schneiden. Den Feta würfeln. Alles in eine große Schüssel geben und Zitronenschale sowie Zitronensaft dazugeben.
2. Öl, Essig, Salz und Pfeffer hinzufügen. Die Minze grob hacken und ebenfalls hinzufügen. Alles gründlich vermengen.
3. Den Salat noch einmal mit Salz sowie Pfeffer abschmecken, auf 4 Teller verteilen und servieren.

ZUTATEN FÜR 4 PORTIONEN

1 Mini-Wassermelone (ca. 2 kg)
1 Salatgurke (ca. 200 g)
1 Avocado
100 g Erdbeeren
100 g pflanzlicher Feta oder Tofu-Feta (siehe S. 161)
abgeriebene Schale und Saft von 1 Bio-Zitrone
2 EL Lein- oder Olivenöl
1 EL Aceto balsamico
½ TL Salz
½ TL schwarzer Pfeffer, frisch gemahlen
2 Stiele Minze

*ⓘ **Wassermelonen** verfügen über einen hohen Gehalt an Wasser, in dem viele Elektrolyte gelöst sind. Diese helfen, die Feuchtigkeit im Körper konstant zu halten. Reichlich Vitamin C und Kalium sorgen ebenfalls für eine pralle Haut mit ausreichend Feuchtigkeit.*

PROTEIN-COUSCOUS-SALAT MIT BASILIKUM-VINAIGRETTE

Der proteinreiche Couscoussalat schmeckt als einfache Mahlzeit, lässt sich gut vorbereiten und eignet sich auch ideal für Gäste. Die Basilikumvinaigrette sorgt für Frische und Würze.

Pro Portion ca. 395 kcal,
20 g Protein, 33 g Kohlenhydrate,
9 g Ballaststoffe, 19 g Fett

ZUTATEN FÜR 4 PORTIONEN

400 ml Gemüsebrühe
150 g Kichererbsen-Couscous oder herkömmlicher Couscous (enthält Gluten)
260 g TK-Erbsen
Salz
200 g Tofu mit Kräutern oder Natur
1 Bund Petersilie
40 g Walnüsse

FÜR DIE VINAIGRETTE

1 Bund Basilikum
1 Frühlingszwiebel
2 EL Olivenöl
Saft von 1 Zitrone
1 EL Apfelessig
1 EL Ahornsirup
½ TL Salz
½ TL schwarzer Pfeffer, frisch gemahlen

ZUM GARNIEREN

Granatapfelkerne

1. Die Gemüsebrühe in einem Topf zum Kochen bringen. Den Couscous einrieseln lassen und umrühren. Den Topf vom Herd nehmen und den Couscous zugedeckt etwa 10 Minuten quellen lassen. Anschließend mit einer Gabel auflockern.

2. Die Erbsen in kochendes Salzwasser geben und in 2 Minuten bissfest garen. Abgießen und in eine Schüssel mit Eiswasser geben, so behalten sie ihre grüne Farbe. Alternativ die Erbsen bei Raumtemperatur auftauen lassen.

3. Den Tofu in Würfel schneiden, die Petersilie waschen und fein hacken. Die Walnüsse in grobe Stücke hacken. Alle Zutaten für den Salat in eine Schüssel geben und vermischen.

4. Für die Vinaigrette Basilikum und Frühlingszwiebel waschen. Mit den restlichen Zutaten in den Hochleistungsmixer geben und cremig pürieren. Mit Salz und Pfeffer abschmecken.

5. Den Couscoussalat zum Servieren mit der Vinaigrette beträufeln und mit Granatapfelkernen garnieren. Er kann warm oder kalt verzehrt werden.

*In **Basilikum** stecken ätherische Öle, die für ein tolles Aroma sorgen und eine positive Wirkung auf den Körper haben. So kann Basilikum die Fettverbrennung anregen und wirkt entzündungshemmend auf die Haut.*

MANGO-GURKEN-SALAT MIT QUINOA

Pro Portion ca. 277 kcal,
7 g Protein, 37 g Kohlenhydrate,
5 g Ballaststoffe, 10 g Fett

Die Kombination von Mango und Gurke in Salat und Dressing sorgt für einen besonderen Twist. Dieser leichte Salat sättigt dank Quinoa auch und schmeckt einfach wunderbar.

ZUTATEN FÜR 4 PORTIONEN
150 g Quinoa
½ TL Salz
1 Mango
1 Salatgurke (ca. 200 g)
90 g Babyspinat
1 Bund Schnittlauch
1 grüner Peperoncino

FÜR DAS DRESSING
3 EL Apfelessig
2 EL Olivenöl
1 EL Ahornsirup
1 TL Oregano
½ TL Salz

1. Die Quinoa in ein Sieb geben und gründlich abspülen. Anschließend in einen Topf geben und mit der dreifachen Menge Wasser sowie Salz zum Kochen bringen. Bei geringer Hitze etwa 15 Minuten köcheln lassen. Den Topf vom Herd nehmen und die Quinoa noch 10 Minuten quellen lassen, dann mit der Gabel auflockern.
2. Die Mango schälen und entkernen, das Fruchtfleisch in Würfel schneiden.
3. Die Gurke waschen und ebenfalls in Würfel schneiden. Spinat und Schnittlauch waschen und fein schneiden. Den Peperoncino waschen und klein würfeln.
4. Quinoa, die Hälfte des Mangofruchtfleischs, Gurke, Spinat, Schnittlauch und Peperoncino in eine Schüssel geben und vorsichtig vermengen.
5. Für das Dressing restliches Mangofruchtfleisch und restliche Dressingzutaten mit 60 Milliliter Wasser in den Hochleistungsmixer geben und pürieren.
6. Den Salat mit Dressing beträufeln, auf Tellern anrichten und servieren.

ⓘ ***Mangos** schmecken gut und liefern Beta-Carotin, Vitamin C, Vitamin E und Folsäure. Zudem sind in den Früchten Mineralien, Ballaststoffe sowie Enzyme enthalten, die für eine gute Verdauung sorgen.*

HAUPTGERICHTE & PASTA

GESUNDE ABWECHSLUNG AUF DEM TELLER

In diesem Kapitel findet ihr schmackhafte Hauptgerichte auf der Basis von Gemüse. Alle Gerichte bestehen aus bunten, vollwertigen Zutaten, sind mit wenig Aufwand zubereitet und schmecken sowohl mittags als auch abends wunderbar.

Ich habe bei meinen Rezepten auf eine Einteilung in Mittag- und Abendessen verzichtet, da mir die folgenden Gerichte zu jeder Tageszeit schmecken. Außerdem kann auch ein herzhaftes Frühstück, Hummus mit Brot, eine Suppe oder ein Salat aus den vorherigen Kapiteln nach Lust und Laune zu einer Hauptmahlzeit werden. Allen gemeinsam ist den Gerichten in diesem Kapitel jedoch, dass ihre Zubereitung nicht lange dauert. Das ist für mich als dreifache Mutter wichtig, da ich in der Regel immer eine hungrige Familie, aber nie viel Zeit zum Kochen habe. Außerdem ist mir bei der Zusammenstellung der Gerichte wichtig, dass sie viel Gemüse, eine pflanzliche Proteinquelle, komplexe Kohlenhydrate und gesunde Fette enthalten.

Beim Kochen bin ich gern kreativ und verwandle Rotkohl in eine lila Sauce (siehe S. 91), Buchweizen in Hackbällchen (siehe S. 92), schwarze Bohnen in einen Wrap (siehe S. 120) und Blumenkohl in eine köstliche Pizza (siehe S. 110). Die Gerichte bringen so Abwechslung auf den Teller und versorgen den Körper mit wichtigen Nährstoffen.

FÜR JEDES ZEITBUDGET ETWAS

Mittags muss es oft schnell gehen. Dann greife ich gern auf feine Pastagerichte wie die cremige Protein-Pasta (siehe S. 89) oder die Bohnen-Wraps zurück, die ich bereits am Vortag zubereiten und dann nochmals kurz in der Pfanne erwärmen kann. Werden die Wraps mit Hummus und Gemüse gefüllt, ergibt sich schnell ein nahrhaftes Hauptgericht.

Abends kommt die ganze Familie zusammen, und wir beschließen den Tag mit einem gemütlichen Abendessen. Hier habe ich etwas mehr Zeit zum Vorbereiten, und es gibt z. B. etwas aus dem Ofen, etwa die Ratatouille (siehe S. 116) oder ein Linsen-Dal (siehe S. 98). Um die wichtige Versorgung mit essenziellen Fettsäuren zu unterstützen, könnt ihr alle Gerichte vor dem Servieren mit etwas Leinöl beträufeln oder mit Hanfsamen bestreuen.

Auch wenn es nicht immer möglich ist, so versuchen wir doch, abends nicht zu spät, meist gegen 19 Uhr, zu essen. So bleibt nach dem Essen noch genug Zeit, um die Mahlzeit zu verdauen, und wir schlafen besser.

PASTA MIT CREMIGER PAPRIKASAUCE AUS DEM OFEN

Die cremige Paprikasauce ist rasch gemacht und schmeckt herrlich aromatisch zu Pasta, Zucchininudeln oder Reis. Ich serviere die Paprikasauce aber auch gern als Dip etwa zu Saatencrackern (siehe S. 59).

Pro Portion ca. 691 kcal,
22 g Protein, 78 g Kohlenhydrate,
15 g Ballaststoffe, 30 g Fett

ZUTATEN FÜR 2 PORTIONEN
2 rote Paprikaschoten
2 Karotten
2 mittelgroße Zwiebeln
1 Chilischote
2 EL Olivenöl
1½ TL Salz
60 g Cashewkerne
1 EL Tomatenmark
1 EL Hefeflocken
½ EL italienische Kräuter
schwarzer Pfeffer,
frisch gemahlen

ZUM SERVIEREN
180 g Pasta nach Wahl

1. Den Backofen auf 200 °C vorheizen und ein Backblech mit Backpapier belegen.
2. Die Paprika waschen, entkernen und in Stücke schneiden. Die Karotten schälen und ebenfalls in Stücke schneiden. Die Zwiebeln abziehen und vierteln. Die Chilischote waschen und entstielen.
3. Das Gemüse auf dem Backblech verteilen und mit Olivenöl sowie 1 Teelöffel Salz mischen.
4. Etwa 30 Minuten im Ofen backen. Herausnehmen und leicht abkühlen lassen.
5. Die Cashewkerne mit heißem Wasser übergießen und 30 Minuten einweichen.
6. In der Zwischenzeit die Pasta nach Wahl al dente garen, dann abgießen und dabei 200 Milliliter Kochwasser auffangen.
7. Die Cashewkerne abgießen und abtropfen lassen. Mit dem Nudelkochwasser, Tomatenmark, Hefeflocken, italienischen Kräutern, dem restlichen Salz und dem gebackenen Gemüse in den Hochleistungsmixer geben. Alles zu einer cremigen Sauce pürieren.
8. Die Paprikasauce mit Salz und Pfeffer abschmecken und mit der Pasta auf Tellern anrichten. Nach Belieben mit Kürbis-Parmesan (siehe S. 158) garniert servieren.

ⓘ **Rote Paprika** und **Karotten** *liefern reichlich Beta-Carotin (Provitamin A), was eine gesunde Haut und die Sehkraft unterstützt. Wenn die Haut trocken oder schuppig ist, kann dies auf einen Vitamin-A-Mangel hinweisen. Beta-Carotin sowie die Pflanzenstoffe Capsanthin und Quercetin sind auch Antioxidantien, die dazu beitragen, freie Radikale zu bekämpfen und die Haut vor Schäden zu schützen. Auch Kieselsäure ist in dem Gemüse enthalten; sie ist wichtig fürs Bindegewebe und regt die Kollagenproduktion an.*

GRÜNE NOCKERL

In den leuchtend grünen Nockerl steckt reichlich grünes Blattgemüse, und die Zubereitung ist ganz einfach mit nur zwei Zutaten!

Pro Portion (ohne Sauce) ca.
350 kcal, 16 g Protein, 60 g Kohlenhydrate, 12 g Ballaststoffe, 3 g Fett

ZUTATEN FÜR 2 PORTIONEN
100 g grünes Blattgemüse und Kräuter, z. B. Rucola, Spinat, Feldsalat, Petersilie
200 g Dinkelmehl

ZUM SERVIEREN
500 ml Gemüsebrühe oder Salzwasser
½ Portion Paprikasauce (siehe S. 87)

Je grüner, desto gesünder: **Grünes Blattgemüse** *wie Rucola, Feldsalat und Spinat enthält reichlich Chlorophyll. Der sekundäre Pflanzenstoff kann den Körper bei Entgiftungsprozessen unterstützen und fördert die Neubildung von Blutzellen. Dazu liefert grünes Blattgemüse viele Vitamine, Mineralstoffe und Spurenelemente.*

1. Grünes Blattgemüse und Kräuter sowie Dinkelmehl in den Mixer geben und zerkleinern, bis eine Teigkugel entsteht. Je nach Wassergehalt des Blattgemüses ist etwas mehr oder weniger Mehl nötig, bis sich ein Teig bildet. Ist der Teig zu weich, mehr Mehl zugeben, ist er zu bröselig, noch etwas Wasser unterrühren.
2. Den Teig halbieren und die Hälften jeweils zu einem länglichen Teigstück ziehen.
3. Die Gemüsebrühe aufkochen. Den Teig mit einer Küchenschere in die siedende Gemüsebrühe schneiden und die Nockerl bei mittlerer Hitze köcheln.
4. Sobald die Nockerl aufsteigen, mit der Schaumkelle abschöpfen. Auf Teller geben und mit Paprikasauce servieren.

PROTEIN-PASTINAKENPASTA

Diese cremige Pastasauce hat es in sich: Sie liefert reichlich Proteine und gesunde Nährstoffe aus Pastinaken sowie weißen Bohnen.

1. Die Pastinaken schälen, Zwiebel und Knoblauch abziehen. Alles im Mixer zerkleinern oder von Hand klein schneiden.

2. Das Olivenöl in einer Pfanne erwärmen und das zerkleinerte Gemüse kurz darin andünsten. 200 Milliliter Wasser angießen, mit Salz und Pfeffer würzen und 5 Minuten köcheln lassen.

3. Das Gemüse mitsamt Flüssigkeit wieder in den Mixer geben. Bohnen sowie Zitronensaft dazugeben und alles zu einer cremigen Sauce pürieren. Mit Salz und Pfeffer abschmecken.

4. Die Pasta nach Packungsanleitung in Salzwasser bissfest garen. Abgießen und mit der Sauce anrichten. Mit gehacktem Grünkohl, Chiliflocken und Kürbis-Parmesan garniert servieren.

Pro Portion ca. 587 kcal,
20 g Protein, 90 g Kohlenhydrate,
20 g Ballaststoffe, 11 g Fett

ZUTATEN FÜR 2 PORTIONEN

2 Pastinaken (ca. 230 g)
1 Gemüsezwiebel
1 Knoblauchzehe
1 EL Olivenöl
1 TL Salz
1 TL schwarzer Pfeffer, frisch gemahlen
230 g weiße Bohnen, gekocht
Saft von 1 Zitrone (ca. 75 ml)

ZUM SERVIEREN

180 g Pasta nach Wahl
Salz
1 Handvoll gehackter Grünkohl
Chiliflocken
Kürbis-Parmesan (siehe S. 158)

---

*ⓘ **Pastinaken** sind reich an Ballaststoffen, die das Wachstum und den Erhalt guter Darmbakterien anregen. Das Wurzelgemüse liefert zudem Vitamin C sowie weitere Nährstoffe wie Eisen, Kupfer und Schwefel für eine gesunde Haut.*

LILA PASTA

Diese bunte Pasta ist etwas fürs Auge und liefert dazu viele gesunde Pflanzenstoffe aus Rotkohl. Die Zubereitung ist ganz einfach mit wenigen Zutaten.

Pro Portion ca. 623 kcal,
24 g Protein, 78 g Kohlenhydrate,
13 g Ballaststoffe, 23 g Fett

ZUTATEN FÜR 2 PORTIONEN

90 g Cashewkerne oder Mandeln
250 g Rotkohl (ca. ¼ Kopf)
Salz für den Kohl
70 ml Zitronensaft, frisch gepresst
1 EL Hefeflocken
½ TL Salz
½ TL schwarzer Pfeffer, frisch gemahlen

ZUM SERVIEREN

180 g Pasta nach Wahl
Salz
schwarzer Pfeffer, frisch gemahlen
Kürbis-Parmesan (siehe S. 158)
abgeriebene Schale von ½ Bio-Zitrone
Olivenöl

1. Die Cashewkerne mit heißem Wasser übergießen und 30 Minuten einweichen.
2. Rotkohl waschen und grob hacken. In kochendes Salzwasser geben und in etwa 15 Minuten weich köcheln. Abgießen.
3. In der Zwischenzeit die Pasta nach Packungsanleitung in reichlich Salzwasser bissfest garen. Etwa 50 Milliliter Kochwasser abnehmen, dann die Nudeln abgießen und wieder in den Topf geben.
4. Die Cashewkerne abgießen und mit Rotkohl, Nudelkochwasser, Zitronensaft, Hefeflocken, Salz sowie Pfeffer in den Hochleistungsmixer geben. Pürieren. Je nach gewünschter Konsistenz der Sauce etwas mehr Wasser dazugeben.
5. Die Sauce zur Pasta in den Topf geben, alles gründlich vermengen und mit Salz sowie Pfeffer abschmecken.
6. Die Pasta auf Teller verteilen und mit Kürbis-Parmesan garniert, Zitronenschale bestreut sowie etwas Olivenöl beträufelt servieren.

*Für den Namen und die Farbe von **Rotkohl** sind die Pflanzenstoffe Anthocyane verantwortlich. Diese wirken als Antioxidantien und können unsere Haut vor Schädigungen durch UV-Licht oder Stress schützen. Rotkohl liefert auch viel Vitamin C sowie Ballaststoffe für eine gesunde Verdauung.*

BUCHWEIZEN-HACKBÄLLCHEN

Diese kernigen, gesunden Hackbällchen schmecken ganz wunderbar mit Tomatensauce zu Pasta, aber auch als Füllung für Wraps oder schlicht zum Snacken zwischendurch.

Pro Portion ohne Pasta (105 g)
ca. 195 kcal, 7 g Protein, 36 g Kohlenhydrate, 6 g Ballaststoffe, 1 g Fett

ZUTATEN FÜR 4 PORTIONEN (24 STÜCK)

180 g Buchweizen
1 Prise + 1 TL Salz
3 Kartoffeln (ca. 360 g)
1 EL Tomatenmark
1 EL Sojasauce
1 TL Paprikapulver
schwarzer Pfeffer, frisch gemahlen
Öl zum Braten

ZUM SERVIEREN

Pasta nach Wahl, z. B. Spaghetti oder Zucchininudeln (»Zoodles«)
Tomatensauce
Kürbis-Parmesan (siehe S. 158)

1. Den Buchweizen abspülen, in einen Topf geben und mit der dreifachen Menge Wasser sowie 1 Prise Salz zum Kochen bringen. Die Hitze reduzieren und den Buchweizen etwa 15 Minuten köcheln lassen.
2. Die Kartoffeln schälen und auf der Küchenreibe fein reiben. Überschüssige Flüssigkeit ausdrücken und die Kartoffeln in eine Schüssel geben.
3. Den Buchweizen mit einer Gabel auflockern und zur Kartoffelmasse geben. Tomatenmark, Sojasauce, Paprikapulver, restliches Salz sowie Pfeffer hinzufügen und alles zu einem Teig kneten. Für eine feine Konsistenz die Masse optional zusätzlich mit einem Kartoffelstampfer zerdrücken.
4. Von der Masse mit einem Löffel kleine Portionen abnehmen und mit den Händen zu Kugeln rollen.
5. Etwas Öl in einer Pfanne erhitzen und die Buchweizenbällchen hineingeben. Zugedeckt 5 Minuten garen. Anschließend den Deckel abnehmen und die Bällchen rundum goldbraun braten.
6. Zum Servieren die Pasta nach Wahl (Spaghetti, Zoodles) zubereiten und auf Teller verteilen. Mit Tomatensauce und Buchweizenbällchen sowie mit Kürbis-Parmesan garniert servieren.

*(i) **Buchweizen** ist kein Getreide und glutenfrei. In den Samen stecken hochwertiges Eiweiß, Vitamine sowie Mineralstoffe wie Kalzium und Magnesium. Das Spurenelement Silicium (Kieselsäure) in Buchweizen ist wichtig für die Bildung von Kollagen und stärkt unser Bindegewebe.*

SUPERFOOD-PESTOPASTA

Pro Portion ca. 619 kcal,
18 g Protein, 62 g Kohlenhydrate,
14 g Ballaststoffe, 32 g Fett

Diese cremige Pestopasta mit Hanfsamen und Spinat liefert gesunde Fettsäuren, Proteine und Ballaststoffe. Die nährstoffreiche Sauce schmeckt kalt oder warm mit Nudeln wunderbar.

ZUTATEN FÜR 2 PORTIONEN
50 g Spinat oder Grünkohl
1 Bund Basilikum
1 reife Avocado
Saft von 1 Zitrone
2 EL Hanfsamen
2 EL Olivenöl
1 TL Salz
schwarzer Pfeffer, frisch gemahlen

ZUM SERVIEREN
180 g Vollkornpasta
Salz
schwarzer Pfeffer, frisch gemahlen
Chiliflocken
Hanfsamen

*(i) **Hanfsamen** verfügen über eine hohe Nährstoffdichte, bestehen zu etwa 30 Prozent aus Eiweiß und enthalten alle essenziellen Aminosäuren. Dazu stecken hautfreundliche Omega-3-Fettsäuren, Kalzium und Eisen in den kleinen Samen.*

1. Spinat und Basilikum waschen. Die Avocado halbieren und das Fruchtfleisch herauslösen. Mit Zitronensaft, Hanfsamen, Olivenöl, Salz sowie Pfeffer in den Mixer geben und zu einem cremigen Pesto verarbeiten.

2. Die Pasta in reichlich Salzwasser nach Packungsanleitung bissfest garen. Abgießen, dabei ein wenig Pastawasser auffangen, und die Nudeln wieder in den Topf geben.

3. Das Pesto mit dem Nudelkochwasser zur Pasta geben und alles mischen. Mit Salz und Pfeffer abschmecken. Die Pestopasta mit Chiliflocken und Hanfsamen bestreut servieren.

FALAFEL-PROTEINBÄLLCHEN

Die leckeren Proteinbällchen sind mit nur vier Zutaten gemacht und schmecken zu Salat, als Füllung in Wraps oder als Belag auf Sandwiches.

Pro Portion ca. 335 kcal, 32 g Protein, 20 g Kohlenhydrate, 4 g Ballaststoffe, 4 g Fett

ZUTATEN FÜR 2 PORTIONEN

250 g Kichererbsen, gekocht
150 g Gemüsetrester vom Entsafter (siehe Beauty Juices S. 25) oder geriebene und ausgedrückte Karotten oder Zucchini
60 g Kürbis- oder Sonnenblumen-Proteinpulver oder Mehl (enthält Gluten)
1 TL Salz
1 Knoblauchzehe (nach Belieben)
Kräuter (nach Belieben)
Öl zum Braten

ZUM SERVIEREN

1 kleiner Kopf Romanasalat (ca. 300 g) oder 4 Wraps
Sriracha-Sauce
pflanzlicher Feta

1. Die Kichererbsen mit Gemüsetrester, Proteinpulver und Salz in den Mixer geben und zerkleinern. Die Masse nach Belieben mit 1 Knoblauchzehe oder Kräutern verfeinern.
2. Aus der Masse mit einem Löffel gleich große Portionen abnehmen und mit den Händen zu Kugeln rollen.
3. Wenig Öl in einer Pfanne erhitzen, die Kugeln hineingeben und rundum knusprig darin braten.
4. Zum Anrichten den Romanasalat waschen und in Blätter teilen. Die Proteinbällchen darauf anrichten und mit Sriracha-Sauce beträufelt sowie Feta bestreut servieren.

*In den **Kichererbsenbällchen** stecken reichlich pflanzliches Eiweiß und Mineralstoffe wie Eisen und Kieselsäure. Das Spurenelement ist wichtig für die Kollagenbildung und Hauterneuerung.*

KICHERERBSEN-SÜSSKARTOFFEL-EINTOPF

Der herzhafte Kichererbseneintopf mit Süßkartoffeln ist proteinreich und schnell zubereitet und schmeckt auch aufgewärmt toll. Ich serviere dazu gern etwas Pitabrot (siehe S. 164) oder Hirse.

Pro Portion ca. 351 kcal,
13 g Protein, 48 g Kohlenhydrate,
15 g Ballaststoffe, 8 g Fett

ZUTATEN FÜR 4 PORTIONEN

1 rote Zwiebel
2 Karotten
2 Süßkartoffeln (ca. 400 g)
1 EL Olivenöl
800 g stückige Tomaten aus der Dose
2 EL Sojasauce
1 EL Zitronensaft, frisch gepresst
½ EL getrockneter Majoran
½ EL getrockneter Oregano
500 g Kichererbsen, gekocht
100 g Babyspinat
Salz
schwarzer Pfeffer, frisch gemahlen

1. Die Zwiebel abziehen, die Karotten schälen. Beides in Stücke schneiden. Die Süßkartoffeln waschen und mit der Schale in Würfel schneiden.
2. Das Olivenöl in einer großen Pfanne erhitzen und die Zwiebel kurz darin anschwitzen. Karottenstücke sowie Süßkartoffelwürfel dazugeben und unter Rühren mitbraten.
3. Die Tomaten hinzufügen. Die Dosen jeweils zu ⅓ mit Wasser füllen und ausschwenken; das Wasser ebenfalls in die Pfanne geben. Sojasauce, Zitronensaft, Majoran und Oregano unterrühren und alles zugedeckt bei mittlerer Hitze 15 Minuten köcheln lassen.
4. Die Kichererbsen unter den Eintopf rühren. Alles ohne Deckel weitere 5 Minuten köcheln lassen.
5. Den Babyspinat unterheben, mit Salz und Pfeffer würzen. Den Eintopf auf Teller verteilen und genießen.

---

*(i) **Süßkartoffeln** enthalten Beta-Carotin, die Vorstufe von Vitamin A, die zellschützend wirkt. Zudem ist in den orangefarbenen Knollen Vitamin E enthalten, das die Haut vor Schädigungen durch freie Radikale schützen kann. **Tomaten** liefern den sekundären Pflanzenstoff Lycopin, der ebenfalls ein wirksames Antioxidans ist. Und die **Kichererbsen** schließlich liefern reichlich Eiweiß als wichtigen Zellbaustein.*

LINSEN-DAL MIT BLUMENKOHL UND SPINAT

Pro Portion ca. 404 kcal,
16 g Protein, 36 g Kohlenhydrate,
11 g Ballaststoffe, 19 g Fett

Dal ist ein typisches Gericht aus Indien, vegan, proteinreich und einfach gemacht. Die Linsen verleihen dem gesunden Eintopf eine cremige Konsistenz, ich verfeinere das Gericht gern mit Gemüse.

ZUTATEN FÜR 4 PORTIONEN

1 Zwiebel
2 EL Öl
2 TL Currypulver, z. B. Madras
1 TL gemahlener Kreuzkümmel
1 TL Salz
½ TL Muskatnuss, frisch gerieben
½ TL Chiliflocken
200 g gelbe Linsen
400 g stückige Tomaten aus der Dose
1 kleiner Blumenkohl (ca. 280 g)
1 Karotte
250 ml Kokosmilch
70 g Babyspinat
schwarzer Pfeffer, frisch gemahlen

ZUM SERVIEREN
frischer Koriander
Reis oder Pitabrot (siehe S. 164)

*ⓘ **Linsen** sind reich an Proteinen und liefern wichtige Vitamine wie z. B. Vitamin B3. Dieses auch als Niacin bekannte Vitamin ist wichtig für den Zellstoffwechsel. Es sorgt für eine strahlende und gesunde Haut.*

1. Die Zwiebel abziehen und klein schneiden. Das Öl in einer Pfanne erhitzen und die Zwiebel darin anschwitzen. Curry, Kreuzkümmel, Salz, Muskat und Chiliflocken dazugeben und 5 Minuten mitdünsten.
2. Die Linsen in ein Sieb geben und abspülen. Zur Zwiebelmischung geben. Die Tomaten hinzufügen. Die Dose mit Wasser füllen und schwenken, das Wasser ebenfalls hinzufügen.
3. Den Blumenkohl waschen und in Stücke schneiden, die Karotte schälen und in Scheiben schneiden. Das Gemüse in die Pfanne geben und mit Kokosmilch aufgießen.
4. Das Dal zugedeckt bei mittlerer Hitze rund 20 Minuten köcheln lassen, dabei gelegentlich umrühren.
5. Kurz vor dem Servieren den Spinat unterheben. Das Dal mit Salz und Pfeffer würzen, Koriander grob schneiden und darauf verteilen.
6. Das Dal auf Teller verteilen und mit Reis oder Pitabrot servieren.

CRISPY-TOFU-BOWL

Pro Portion ca. 830 kcal, 35 g Protein, 71 g Kohlenhydrate, 9 g Ballaststoffe, 41 g Fett

Diese traumhafte und sehr nahrhafte Bowl kombiniert warmen, knusprigen Tofu mit knackigem Gemüse und Reis.

ZUTATEN FÜR 2 PORTIONEN

230 g Tofu
60 ml Aquafaba (Kichererbsenflüssigkeit von ½ Glas)
70 g Pankomehl aus dem Asialaden
20 g Kokosraspel
½ TL Currypulver
½ TL Salz
¼ TL schwarzer Pfeffer, frisch gemahlen
Öl zum Braten

ZUM SERVIEREN

100 g schwarzer Reis
100 g Pflücksalat
4 Radieschen
2 EL Hummus (siehe S. 62)
2 EL eingelegtes Kraut
Öl
Essig

1. Den Tofu in ein sauberes Küchentuch geben und die überschüssige Flüssigkeit ausdrücken. Den Tofu halbieren und in Würfel schneiden.
2. Das Aquafaba in einen flachen Teller gießen. Pankomehl, Kokosraspel, Currypulver, Salz und Pfeffer in einen zweiten Teller geben und verrühren.
3. Die Tofuwürfel zuerst in Aquafaba, dann auf allen Seiten in der Pankomischung wenden.
4. Das Öl in einer Pfanne erhitzen und den Tofu bei mittlerer Hitze darin rundum goldbraun braten.
5. Den schwarzen Reis nach Packungsanleitung garen und leicht abkühlen lassen.
6. Den Salat waschen und gut abtropfen lassen. Die Radieschen waschen und vierteln.
7. Reis, Salat und Radieschen auf 2 Schalen verteilen und mit dem knusprigen Tofu, dem Hummus sowie dem Kraut garnieren. Den Salat mit ein wenig Öl und Essig beträufeln und die Bowl servieren.

---

*ⓘ **Tofu** ist eine gute Quelle für pflanzliche Proteine. Zudem liefert er wichtige Nährstoffe wie Kupfer, Zink und Eisen. Für die Kollagenbildung der Haut wird neben Aminosäuren auch Kupfer benötigt.*

GEMÜSEQUICHE MIT MACADAMIANÜSSEN

Die feine Quiche mit Macadamianüssen schmeckt warm oder kalt wunderbar als Hauptgericht. Ich bereite sie gern mit Zucchini als Belag zu und serviere dazu einen Salat.

Pro Portion ca. 351 kcal, 13 g Protein, 38 g Kohlenhydrate, 8 g Ballaststoffe, 14 g Fett

ZUTATEN FÜR 8 PORTIONEN

200 g Dinkelmehl + etwas mehr für die Arbeitsfläche
100 g griffiges Mehl, z. B. Spätzlemehl oder Hartweizengrieß
1 TL Salz
50 g pflanzliche Margarine oder Olivenöl + etwas mehr für die Form
75 ml Sojadrink

FÜR DEN BELAG

1 rote Zwiebel
1 EL Olivenöl
2 Zucchini (ca. 600 g)
Salz
schwarzer Pfeffer, frisch gemahlen

FÜR DEN GUSS

200 g Kichererbsenmehl
2 EL Hefeflocken
2 TL Backpulver
1 TL Salz
schwarzer Pfeffer, frisch gemahlen
20 ml Olivenöl
3 EL Macadamianüsse

1. Dinkelmehl und griffiges Mehl sowie Salz in einer Schüssel verrühren. Die Margarine in Flocken dazugeben und alles von Hand zu einer sandigen Masse verreiben. Sojadrink sowie nach und nach etwa 75 Milliliter Wasser dazugießen und alles zu einem Teig verarbeiten. Der Teig sollte eher trocken sein, da er beim Backen noch Flüssigkeit vom Belag aufnimmt. Den Teig flach drücken und in Klarsichtfolie gewickelt 30 Minuten in den Kühlschrank legen.

2. Den Backofen auf 200 °C vorheizen. Den Teig auf der bemehlten Arbeitsfläche ausrollen und in einer gefetteten Tarteform (26 cm Ø) verteilen, dabei einen Rand hochziehen. Den Boden mehrmals mit einer Gabel einstechen. Bis zur Weiterverwendung kühl stellen.

3. Für den Belag die Zwiebel abziehen und in dünne Scheiben schneiden. Das Olivenöl in einer Pfanne erwärmen und die Zwiebel darin anbraten. Die Zucchini waschen, in feine Scheiben schneiden, in die Pfanne geben und mitdünsten. Mit Salz und Pfeffer würzen.

4. Für den Guss Kichererbsenmehl, Hefeflocken, Backpulver, Salz und Pfeffer in eine Schüssel geben und mischen. 350 Milliliter Wasser sowie Olivenöl hinzufügen und alles mit dem Schneebesen glatt rühren.

5. Den Guss zum Gemüse in die Pfanne geben und verrühren, dann die Mischung auf dem Boden der vorbereiteten Form verteilen. Die Macadamianüsse grob hacken und die Quiche damit bestreuen.

6. Die Gemüsequiche 35 bis 40 Minuten goldbraun im Ofen backen. Herausnehmen und vor dem Servieren leicht abkühlen lassen.

*(i) **Macadamianüsse** enthalten ungesättigte Omega-3-Fettsäuren, die sich positiv auf die Haut auswirken. Dazu liefert die Königin der Nüsse viel Vitamin E, das bei der Abwehr von freien Radikalen aus UV-Licht antioxidativ wirkt.*

GEFÜLLTE SÜSSKARTOFFEL MIT QUINOA

Pro Portion ca. 378 kcal, 13 g Protein, 55 g Kohlenhydrate, 12 g Ballaststoffe, 8 g Fett

Gebackene Süßkartoffeln lassen sich einfach vorbereiten und liefern gefüllt mit Quinoa und Bohnen viel Protein sowie gesunde Nährstoffe.

ZUTATEN FÜR 4 PORTIONEN
4 Süßkartoffeln (ca. 520 g)
150 g Quinoa
1 Medjool-Dattel
½ TL Salz + etwas mehr zum Abschmecken
½ TL gemahlene Kurkuma
1 kleine rote Paprikaschote
30 g Grünkohl oder Babyspinat
½ Bund Koriander
100 g schwarze Bohnen, gekocht
Saft von 1 Zitrone
1 EL Tahini (Sesammus)
schwarzer Pfeffer, frisch gemahlen

ZUM SERVIEREN
50 g pflanzlicher Feta, gewürfelt
1 Avocado, geschält, entkernt und in Scheiben geschnitten

1. Den Backofen auf 200 °C vorheizen.

2. Die Süßkartoffeln mit Schale waschen und mit einer Gabel rundum einstechen. Auf das Backblech legen und 45 bis 60 Minuten im Ofen backen. Die Süßkartoffeln sind fertig, wenn sie sich mit einem Messer leicht einstechen lassen.

3. Die Quinoa in ein Sieb geben, abspülen und mit der doppelten Menge Wasser in einen Topf geben. Die Dattel entsteinen, fein würfeln und dazugeben. Salz sowie Kurkuma hinzufügen und alles zum Kochen bringen. Bei mittlerer Hitze etwa 10 Minuten kochen lassen, dann den Topf vom Herd nehmen und die Mischung zugedeckt noch 10 Minuten quellen lassen.

4. Die Paprika waschen, entkernen und in Würfel schneiden. Kohl und Koriander ebenfalls waschen und grob hacken. Paprika, Kohl, Koriander, Bohnen, Zitronensaft und Tahini unter die Quinoamischung rühren. Die Füllung mit Salz abschmecken und mit Pfeffer würzen.

5. Die Süßkartoffeln aus dem Ofen nehmen, längs aufschneiden und aufklappen. Die Quinoafüllung auf den Süßkartoffeln verteilen. Mit Fetawürfeln und Avocadoscheiben garniert servieren.

---

*(i) **Süßkartoffeln** liefern viel Beta-Carotin – die Vorstufe von Vitamin A –, **Quinoa** enthält alle essenziellen Aminosäuren. So ist dieses Gericht die perfekte Kombination, um das Wachstum und den Erhalt gesunder Hautzellen zu unterstützen.*

CREMIGER SPARGELRISOTTO

Ein cremiger und simpler Risotto schmeckt immer und ist auch einfach zuzubereiten. Wichtig für einen guten Risotto ist etwas Geduld und ständiges Rühren.

Pro Portion ca. 470 kcal,
23 g Protein, 64 g Kohlenhydrate,
8 g Ballaststoffe, 11 g Fett

ZUTATEN FÜR 4 PORTIONEN

3 Frühlingszwiebeln
600 g grüner Spargel
2 EL Olivenöl
300 g Risottoreis, z. B. Arborio
50 ml Weißwein oder Gemüsebrühe
800 ml Gemüsebrühe
Saft von ½ Zitrone
1 EL weißes Mandelmus
Salz
schwarzer Pfeffer, frisch gemahlen

ZUM SERVIEREN

1 EL Öl
200 g pflanzliches Geschnetzeltes oder Tofu in Würfeln
1 EL Sojasauce

1. Die Frühlingszwiebeln waschen und klein schneiden. Den Spargel waschen, von den holzigen Enden befreien und in Stücke schneiden.
2. Das Olivenöl in einem Topf erwärmen und Frühlingszwiebeln sowie Spargel etwa 5 Minuten darin andünsten. Das Gemüse aus dem Topf nehmen und beiseitestellen.
3. Den Risottoreis in den Topf geben und unter Rühren glasig dünsten. Mit Weißwein ablöschen, nach und nach die Gemüsebrühe angießen und alles etwa 20 Minuten bei mittlerer Hitze und unter häufigem Rühren köcheln lassen, bis der Reis cremig, aber noch leicht bissfest ist.
4. $^{2}/_{3}$ der Spargel-Zwiebel-Mischung mit dem Zitronensaft pürieren und unter den Risotto heben. Mandelmus sowie die restlichen Spargelstücke unterrühren.
5. Zum Servieren das Öl in einer Pfanne erwärmen und das pflanzliche Geschnetzelte scharf anbraten. Die Sojasauce dazugeben und kurz mitbraten.
6. Den Risotto mit Salz sowie Pfeffer würzen und auf Teller verteilen. Das Geschnetzelte darauf anrichten und servieren.

ⓘ ***Grüner Spargel** macht etwas weniger Arbeit bei der Zubereitung und punktet mit einem Plus an Nährstoffen. So enthält grüner Spargel zusätzlich Beta-Carotin sowie Folsäure, Vitamin C und hautfreundlichen Schwefel.*

GLUTENFREIE SPINATCRÊPES

Pro Portion ca. 468 kcal,
14 g Protein, 58 g Kohlenhydrate,
9 g Ballaststoffe, 18 g Fett

Die feinen Pfannkuchen stecken voller gesunder Nährstoffe, haben eine tolle Farbe und schmecken mit süßer oder herzhafter Füllung. Eine tolle Abwechslung auf dem Teller!

ZUTATEN FÜR 4 PORTIONEN

150 g Spinat oder ein anderes grünes Blattgemüse, z. B. Rucola, Feldsalat
2 EL Olivenöl
1 EL Apfelessig
190 g Buchweizenmehl
120 g Reismehl
½ TL Salz
Öl zum Ausbacken

ZUM SERVIEREN

4 EL Hummus (siehe S. 62)
100 g Brokkolini, gedämpft
100 g pflanzlicher Camembert
Salz
schwarzer Pfeffer, frisch gemahlen

1. Spinat, 400 Milliliter Wasser, Olivenöl und Apfelessig in den Hochleistungsmixer geben und pürieren.
2. Buchweizenmehl, Reismehl und Salz dazugeben und alles zu einem glatten Teig verarbeiten. Alternativ die trockenen Zutaten in einer Schüssel mischen, die flüssigen Zutaten hinzufügen und alles zu einem Teig verrühren.
3. Etwas Öl in einer Pfanne erhitzen. ½ Schöpfkelle Teig in die Pfanne geben, den Teig dünn verteilen und bei mittlerer Hitze von beiden Seiten zu einem Crêpe ausbacken. So fortfahren, bis der ganze Teig aufgebraucht ist.
4. Die fertigen Crêpes mit etwas Hummus bestreichen und mit Brokkolini sowie pflanzlichem Camembert belegen. Mit Salz sowie Pfeffer bestreuen und servieren.

*ⓘ **Spinat** und anderes **grünes Blattgemüse** ist reich an sekundären Pflanzenstoffen wie Chlorophyll, Vitaminen und Mineralien. In diesem Verbund haben die Nährstoffe eine antioxidative und entzündungshemmende Wirkung, die uns gesund erhält und die Haut strahlen lässt. Die Spinatcrêpes schmecken übrigens auch mit einer süßen Füllung. Dafür eignen sich beispielsweise Chiamarmelade (siehe S. 155), Nussmus und Früchte.*

EAT-GOOD-FOOD-PIZZA

Pro ½ Pizza ca. 306 kcal,
28 g Protein, 14 g Kohlenhydrate,
16 g Ballaststoffe, 12 g Fett

Meine knusprige Blumenkohlpizza schmeckt unglaublich lecker, ist ganz ohne Mehl gemacht, steckt voller Proteine und liefert viele gesunde Nährstoffe.

ZUTATEN FÜR 2 PIZZEN

1 großer Blumenkohl (ca. 900 g)
2 EL Süßkartoffel- oder Kürbispüree oder Tomatenmark
120 g Sonnenblumen-Proteinpulver oder Mandelmehl
2 EL Hefeflocken
2 EL Chiasamen
2 EL Zitronensaft, frisch gepresst
1 EL Coconut Aminos, oder Sojasauce
1 EL Olivenöl
1 TL getrocknete italienische Kräuter
½ TL Salz
4 EL Paprikasauce (siehe S. 87) oder Tomatensauce
4 Kräuterseitlinge, in Scheiben geschnitten
Olivenöl

ZUM SERVIEREN

4 Cherrytomaten, halbiert
4 EL Kürbis-Parmesan (siehe S. 158)
50 g Rucola
Salz
schwarzer Pfeffer, frisch gemahlen

1. Den Backofen auf 250 °C vorheizen und zwei Backbleche mit Backpapier belegen.
2. Den Blumenkohl waschen, in Stücke schneiden und im Mixer oder auf der Küchenreibe zu reisartiger Konsistenz zerkleinern. Den Blumenkohlreis in ein sauberes Geschirrtuch geben und das überschüssige Wasser ausdrücken.
3. Den Blumenkohlreis in eine Schüssel geben und Süßkartoffelpüree, Proteinpulver, Hefeflocken, Chiasamen, Zitronensaft, Coconut Aminos, Olivenöl, Kräuter sowie Salz dazugeben. Alles zu einem Teig kneten.
4. Den Teig in zwei Portionen teilen und daraus jeweils 1 Pizzaboden formen. Die Pizzaböden auf die vorbereiteten Bleche legen.
5. Die Böden 15 bis 20 Minuten im Ofen vorbacken.
6. Anschließend mit der Paprikasauce bestreichen, die Pilzscheiben darauf verteilen und mit wenig Öl beträufeln. Die Pizzen in weiteren 5 bis 10 Minuten fertigbacken.
7. Vor dem Servieren mit Cherrytomaten belegen und mit Kürbis-Parmesan bestreuen. Den Rucola auf den Pizzen verteilen und mit Salz sowie Pfeffer würzen.

ⓘ **Sonnenblumen-Proteinpulver** *wird aus den geschälten Kernen hergestellt. Es hat einen nussigen Geschmack und eignet sich für Nussallergiker daher ideal. Es liefert Eiweiß und Ballaststoffe, Folsäure, Vitamin B3 und Magnesium. Vitamin B3 ist für den Zellstoffwechsel wichtig und sorgt für eine gesunde, weiche Haut.*

ONE-POT-HIRSE MIT GEMÜSE UND BOHNEN

Meine One-Pot-Hirse mit Gemüse und schwarzen Bohnen ist in 20 Minuten auf den Tisch gezaubert und schmeckt wunderbar. Als Variante kann sie auch mit Quinoa zubereitet werden.

Pro Portion ca. 523 kcal, 20 g Protein, 61 g Kohlenhydrate, 16 g Ballaststoffe, 16 g Fett

ZUTATEN FÜR 3 PORTIONEN

220 g Hirse
3 EL Pistazien-Pesto (siehe S. 159)
250 g Zucchini
160 g grüner Spargel
160 g schwarze Bohnen, gekocht
50 g Tofu, gewürfelt
50 g Rucola oder Spinat
1 EL getrocknete italienische Kräuter
Salz
schwarzer Pfeffer, frisch gemahlen

1. Die Hirse in ein Sieb geben und abspülen. Anschließend in eine große Pfanne geben und das Pistazien-Pesto sowie 500 Milliliter Wasser unterrühren.
2. Die Zucchini waschen und in Würfel schneiden. Den Spargel waschen, von den holzigen Enden befreien und in Stücke schneiden.
3. Zucchini, Spargel, Bohnen, Tofu, Rucola und Kräuter zur Hirse geben. Alles aufkochen, dann die Hitze reduzieren und den Eintopf zugedeckt etwa 15 Minuten köcheln lassen.
4. Die Hirse auflockern und noch einmal alles gründlich mischen. Mit Salz sowie Pfeffer würzen und servieren.

ⓘ **Hirse** *ist eine gute Quelle für Eisen und Magnesium. Ausreichend Eisen in der Ernährung beugt brüchigen Nägeln und Haarausfall vor. Das Spurenelement Kieselsäure (Silicium), das ebenfalls in Hirse enthalten ist, unterstützt eine straffe Haut und glänzende Haare.*

TOFU-GYROS MIT ZAZIKI

Pro Portion mit Pita ca. 660 kcal, 41 g Protein, 49 g Kohlenhydrate, 14 g Ballaststoffe, 30 g Fett

Knuspriges Tofu-Gyros mit Zaziki im Pitabrot schmeckt unglaublich lecker und lässt Urlaubsgefühle aufkommen. Meine Variante ist proteinreich und liefert gesunde Ballaststoffe.

ZUTATEN FÜR 2 PORTIONEN

200 g Tofu
1 EL Sojasauce
1 EL Olivenöl
1 EL Paprikapulver
1 TL Chiliflocken
1 TL schwarzer Pfeffer, frisch gemahlen
Öl zum Braten

FÜR DAS ZAZIKI

200 g Soja-Skyr
200 g Sojajoghurt
⅓ Salatgurke
1 Knoblauchzehe
1 EL Olivenöl
Saft von ½ Zitrone
1 TL Salz
3 EL gehackte Kräuter, z. B. Dill, Petersilie

ZUM SERVIEREN

2 Pitabrote (siehe S. 164)
2 EL Pink Pickles (siehe S. 163)

1. Den Tofu auf der Küchenreibe in Streifen reiben und in eine Schüssel geben. Sojasauce, Olivenöl, Paprikapulver, Chili und Pfeffer dazugeben und mischen.

2. Etwas Öl in einer Pfanne erhitzen und die Tofustreifen unter Rühren darin anbraten.

3. Für das Zaziki Soja-Skyr und Sojajoghurt in eine Schüssel geben und verrühren. Die Gurke auf der Küchenreibe reiben und mitsamt Saft zur Sojamischung geben. Den Knoblauch abziehen und dazupressen. Olivenöl, Zitronensaft, Salz sowie Kräuter hinzufügen und alles noch einmal gründlich verrühren.

4. Die Pitabrote kurz im Backofen erwärmen und aufschneiden. Mit Tofu-Gyros füllen und einen Klecks Zaziki daraufgeben. Mit Pink Pickles garniert servieren.

ⓘ **Sojabohnen** *und daraus hergestellte Produkte enthalten wichtige Omega-3-Fettsäuren, die sich positiv auf unsere Haut auswirken. Das Spurenelement Kupfer in Soja unterstützt den Körper bei der Kollagenbildung.*

OFEN-RATATOUILLE

Pro Portion ca. 319 kcal,
15 g Protein, 17 g Kohlenhydrate,
9 g Ballaststoffe, 20 g Fett

Die leckere Ofen-Ratatouille ist einfach in der Zubereitung und enthält eine große Portion Gemüse. Ganz wunderbar schmeckt sie im Sommer als leichtes Hauptgericht!

ZUTATEN FÜR 4 PORTIONEN

2 Paprikaschoten
2 Zucchini
2 Fenchelknollen
160 g Cherrytomaten
1 rote Zwiebel
1 Zweig Rosmarin
400 g stückige Tomaten aus der Dose
90 g schwarze Oliven
2 EL Tomatenmark
3 EL Olivenöl
1 TL Salz
1 TL schwarzer Pfeffer, frisch gemahlen
1 TL Paprikapulver
200 g pflanzlicher Feta oder Tofu
Olivenöl zum Beträufeln

1. Den Backofen auf 200 °C vorheizen.
2. Paprika, Zucchini und Fenchel waschen, putzen und in Stücke schneiden. Die Cherrytomaten waschen und halbieren. Die Zwiebel abziehen und ebenfalls in Stücke schneiden. Den Rosmarin waschen, die Nadeln abstreifen und grob hacken.
3. Das vorbereitete Gemüse in eine Auflaufform (ca. 20 x 30 cm) geben. Stückige Tomaten, Oliven, Tomatenmark, Olivenöl, Salz, Pfeffer und Paprikapulver dazugeben und alles in der Form mischen.
4. Die Auflaufform mit einem Deckel oder Alufolie verschließen und das Gemüse etwa 40 Minuten im Ofen garen.
5. Den Feta in Stücke schneiden und auf dem Gemüse verteilen. Mit etwas Olivenöl beträufeln und die Ratatouille in weiteren 20 Minuten ohne Abdeckung fertiggaren.
6. Die Ratatouille aus dem Ofen nehmen und vor dem Servieren 10 Minuten ruhen lassen. Dazu schmecken Haferbrot (siehe S. 46), Reis oder Kartoffeln wunderbar.

*Die ätherischen Öle in **Fenchel** wirken sich gesundheitsförderlich auf unseren Magen-Darm-Trakt aus. Dazu enthält die Knolle reichlich Vitamin C, Beta-Carotin und Mineralstoffe wie Eisen, die eine gesunde Haut und gesunde Haare unterstützen.*

ROMANA-WRAPS MIT BOHNENHACK

Bohnen sind eine gesunde Proteinquelle und eine tolle Basis für dieses pflanzliche »Hack«. In Salatblätter gefüllt ergeben sie ein leichtes und einfaches Gericht.

Pro Portion ca. 376 kcal, 17 g Protein, 37 g Kohlenhydrate, 20 g Ballaststoffe, 10 g Fett

ZUTATEN FÜR 2 PORTIONEN

1 Zwiebel
1 EL Olivenöl
250 g schwarze Bohnen, gekocht
50 g glutenfreie Haferflocken
1 EL Sojasauce
½ EL Oregano
½ EL Majoran
100 g Tomatensauce aus dem Glas
Salz
schwarzer Pfeffer, frisch gemahlen

ZUM SERVIEREN

1 kleiner Kopf Romanasalat (ca. 300 g)
3 EL Pink Pickles (siehe S. 163)

1. Die Zwiebel abziehen und klein schneiden. Das Olivenöl in einer Pfanne erhitzen und die Zwiebel darin andünsten.
2. Bohnen und Haferflocken in den Mixer geben, kurz häckseln und zu den Zwiebeln in die Pfanne geben. Alternativ Bohnen und Haferflocken direkt in die Pfanne geben und die Bohnen mit dem Kochlöffel etwas zerstoßen.
3. Sojasauce, Oregano sowie Majoran dazugeben und alles kurz anbraten.
4. Tomatensauce und etwa 50 Milliliter Wasser hinzufügen und alles 5 Minuten köcheln lassen. Mit Salz und Pfeffer würzen.
5. Zum Anrichten den Salat waschen und die Blätter abschneiden. Das Bohnenhack auf den Blättern verteilen, mit Pink Pickles garnieren und servieren.

Neben hochwertigem Eiweiß und reichlich Ballaststoffen enthalten ***schwarze Bohnen*** *auch Antioxidantien, die von Natur aus freie Radikale im Körper bekämpfen. Daneben beeinflussen die enthaltenen Mineralien und Spurenelemente den Stoffwechsel positiv.*

BOHNEN-TORTILLAS

Pro Portion (137 g) ca. 289 kcal, 19 g Protein, 29 g Kohlenhydrate, 10 g Ballaststoffe, 8 g Fett

Die proteinreichen Tortillas sind ganz ohne Mehl, perfekt zum Vorbereiten und ideal für verschiedene Füllungen. Ich verwende sie für Tortilla-Wraps.

ZUTATEN FÜR 6 STÜCK

200 g schwarze Bohnen
½ TL Salz
Öl zum Ausbacken

ZUM SERVIEREN

4 EL Hummus (siehe S. 62)
2 EL Pistazien-Pesto (siehe S. 159)
100 g Babyspinat, Rucola oder Pflücksalat
150 g Räuchertofu, in Scheiben geschnitten
grobes Meersalz
schwarzer Pfeffer, frisch gemahlen

1. Die Bohnen mit der doppelten Menge Wasser bedecken und mindestens 10 Stunden oder über Nacht einweichen.

2. In ein Sieb abgießen, gründlich abspülen und mit 350 Milliliter frischem Wasser sowie dem Salz zu einem glatten Teig pürieren.

3. Etwas Öl in einer Pfanne erwärmen und pro Tortilla etwa 4 Esslöffel Teig in die Pfanne gießen. Bei mittlerer Hitze auf beiden Seiten ausbacken, bis der Teig aufgebraucht ist. Die Menge ergibt etwa 6 Bohnen-Tortillas.

4. Zum Füllen die Tortillas mit etwas Hummus oder Pesto bestreichen. Spinat und Räuchertofu darauf verteilen. Mit Meersalz sowie Pfeffer bestreut servieren.

ⓘ ***Schwarze Bohnen** sind eine vollwertige Eiweißquelle und liefern gesunde Ballaststoffe. Dazu stecken viele B-Vitamine, Zink, Eisen und Magnesium in den Hülsenfrüchten. Zink unterstützt die Wundheilung sowie die Zellteilung der Haut.*

LINSENPFANNKUCHEN

Pro Portion (234 g) ca. 306 kcal, 18 g Protein, 30 g Kohlenhydrate, 7 g Ballaststoffe, 11 g Fett

Die proteinreichen Linsenpfannkuchen sind eines meiner Lieblingsrezepte, sie schmecken bunt gefüllt als Hauptgericht oder zum Brunch. Zudem lassen sie sich gut vorbereiten und eignen sich auch zum Einfrieren.

ZUTATEN FÜR 5 STÜCK

200 g gelbe oder rote Linsen
2 EL Kichererbsenmehl
2 EL Olivenöl
1 TL Currypulver
½ TL Salz
Öl zum Ausbacken

ZUM SERVIEREN

4 EL Hummus (siehe S. 62)
100 g pflanzliches Geschnetzeltes oder Tofuwürfel, gebraten
60 g Babyspinat, Rucola oder Pflücksalat
Salz
schwarzer Pfeffer, frisch gemahlen

1. Die Linsen in eine Schüssel geben, mit Wasser bedecken und 3 Stunden einweichen. Anschließend in ein Sieb abgießen und gründlich abspülen.

2. Mit 400 Milliliter frischem Wasser, Kichererbsenmehl, Olivenöl, Currypulver und Salz in den Hochleistungsmixer geben und fein pürieren.

3. Etwas Öl in einer Pfanne erhitzen und pro Pfannkuchen etwa ½ Suppenkelle Teig in die Pfanne geben. Die Pfannkuchen bei mittlerer Hitze auf beiden Seiten rund 3 Minuten backen. So fortfahren, bis der Teig aufgebraucht ist. Die Menge ergibt etwa 5 Linsenpfannkuchen.

4. Zum Servieren die Linsenpfannkuchen mit Hummus bestreichen und mit Geschnetzeltem oder Spinat belegen. Mit Salz und Pfeffer würzen und genießen.

*(i) **Linsen** liefern Ballaststoffe für eine gesunde Verdauung und enthalten Vitamine der B-Gruppe sowie Mineralstoffe wie Eisen und Zink. Zink unterstützt unser Immunsystem und hilft bei der Wundheilung sowie der Zellerneuerung der Haut.*

GEBACKENER BLUMENKOHL

Mein orientalisch gebackener Blumenkohl aus dem Ofen schmeckt einfach himmlisch und lässt sich gut für Gäste vorbereiten. Dazu passen gebratene Kartoffeln und Salat.

Pro Portion ca. 378 kcal, 8 g Protein, 20 g Kohlenhydrate, 9 g Ballaststoffe, 28 g Fett

ZUTATEN FÜR 2 PORTIONEN

1 großer Blumenkohl (ca. 850 g)
Salz
60 ml Olivenöl
½ TL gemahlene Kurkuma
½ TL schwarzer Pfeffer, frisch gemahlen
½ TL Meersalz
1 EL Ahornsirup
Saft von ½ Zitrone
1 Knoblauchzehe

ZUM SERVIEREN

3 EL Granatapfelkerne
3 EL gehackte Kräuter, z. B. Petersilie, Koriander
2 EL flüssiges Tahini (Sesammus)

1. Den Blumenkohl waschen und putzen. In einen großen Topf mit kochendem Salzwasser geben und etwa 8 Minuten garen. Herausnehmen und gut abtropfen lassen.
2. Den Backofen auf 200 °C vorheizen. Den gut abgetropften Blumenkohl auf ein Backblech mit Backpapier legen.
3. Olivenöl, Kurkuma, Pfeffer, Meersalz, Ahornsirup und Zitronensaft verrühren. Den Knoblauch abziehen, durch die Presse drücken und dazugeben. Noch einmal alles gründlich mischen.
4. Den Blumenkohl mit der Hälfte der Mischung bestreichen und 25 Minuten im Ofen backen.
5. Herausnehmen, mit der restlichen Mischung bestreichen und in weiteren 10 Minuten fertig backen.
6. Mit Granatapfelkernen und Kräutern bestreuen und mit Tahini beträufelt servieren.

---

*(i) **Blumenkohl** ist gesund, kalorienarm und vielseitig einsetzbar. Hinsichtlich der Nährstoffe enthält er viel Vitamin C, Vitamin K sowie Mineralien. Diese unterstützen ein gesundes Zellwachstum und eine schöne Haut.*

SWEETS

SÜSSES MIT WENIGER ZUCKER

Ich liebe Desserts und süßes Gebäck, und so könnte dieses Kapitel gut doppelt so lang sein. Bei den Rezepten versuche ich, Süßungsmittel in möglichst natürlicher Form und in Maßen zu verwenden. Ob feiner Kuchen oder leckere Pralinen – hier findet ihr meine Favoriten.

Süßes gehört für mich als Genuss und Freude zum Essen einfach dazu. Herkömmliche oder fertige Backwaren sind mir dabei jedoch meist zu süß, zu fettig und zu nährstoffarm. Deshalb experimentiere ich seit Beginn meines Rezepteblogs gern mit alternativen Zutaten; ich süße Kuchen mit Früchten oder verstecke darin auch einmal Gemüse.

ZUCKER RAUS, NÄHRSTOFFE REIN

Dieser Rezeptphilosophie bin ich noch immer treu. Statt industriellem Zucker verwende ich zum Süßen möglichst natürliche Zutaten wie getrocknete Datteln, Feigen und Aprikosen oder Apfelmus, reife Bananen, Fruchtdicksaftkonzentrate (z. B. Birnel), Ahornsirup und Kokosblütenzucker. Dabei ist es aber sehr wichtig, dass auch natürliche Süßungsmittel, trotz der noch in geringer Menge enthaltenen Mineralstoffe und Antioxidantien, nur sparsam verwendet und in Maßen genossen werden. Zuckerersatz wie Birkenzucker und Stevia nutze ich in kleinen Mengen und immer gemischt mit anderen Süßungsmitteln wie Ahornsirup. Diese Süßungsmittel werden insulinunabhängig verstoffwechselt und lassen den Blutzuckerspiegel deshalb nicht so stark ansteigen.

Wichtig bei meinen Kreationen ist mir immer die Einbindung von Proteinen und gesunden Fetten beispielsweise aus Nüssen oder Saaten. Somit enthalten die Desserts nicht nur mehr gesunde Nährstoffe, auch der Blutzuckerspiegel wird eher konstant gehalten. Außerdem machen proteinreiche Desserts schneller satt und glücklich, wir sind dann bereits nach einer kleineren Portion zufrieden. Damit reduziert sich auch die Gefahr von Heißhungerattacken nach mehr Süßem.

ZUCKER – SCHLECHT FÜR GESUNDHEIT UND SCHÖNHEIT

Isolierter Zucker liefert Kalorien (400 kcal pro 100 g), aber keine sonstigen Nähr- oder Ballaststoffe; zudem lässt er den Insulinspiegel rasch ansteigen. Der Zucker in Gummibärchen, Marshmallows oder gesüßten Getränken hat somit eine hohe Energiedichte, sättigt aber nicht, weshalb wir oft unbewusst zu viel leere Zuckerkalorien aufnehmen. Aber auch auf unsere Haut hat Zucker einen negativen Einfluss: Er kann Entzündungsprozesse begünstigen und die Aktivität der Talgdrüsen erhöhen. Aknesymptome wie verstopfte, entzündete Talgdrüsen können die Folge sein. Ein übermäßiger Zuckerkonsum wird auch mit einer schnelleren Hautalterung in Verbindung gebracht. Durch ein Zuviel an Zucker »verzuckert« das Gewebe: Die Moleküle des Zuckers binden sich an die Gewebefasern Kollagen und Elastin, wodurch diese verkleben. Das beeinträchtigt die Festigkeit der Haut.

WENIGER, DAFÜR BEWUSST GENIESSEN

Ich kann und möchte auf Süßes nicht verzichten, meide aber zugesetzten Zucker in fertigen Produkten, Snacks und Getränken. Hier empfiehlt es sich, immer einen Blick auf die Zutatenliste zu werfen, ob sich in einem Lebensmittel Zucker in Form von Fruktose, Maltodextrin oder Glukosesirup verbirgt. Lieber greife ich zu gesunden Alternativen und selbst gemachten Snacks, die ihr im Rezeptteil findet. Doch auch die gesunden Varianten sollten bewusst genossen werden. Wenn ihr bisher gern Süßigkeiten gegessen habt, hilft es euch bei der Umstellung, diese langsam zu reduzieren und mit alternativen Süßungsmitteln zu experimentieren. Allmählich gewöhnen sich die Geschmacksknospen auch wieder an weniger Zucker und die Süße natürlicher Zutaten. Generell hilft es bei Heißhunger auf Süßes, über den Tag verteilt genügend und nährstoffreich zu essen. Denn oft ist das starke Verlangen nach einem süßen Snack ein Anzeichen dafür, dass uns Energie z. B. durch das Auslassen des Frühstücks oder gewisse Nährstoffe fehlen.

BEERENCREME

Die proteinreiche Creme ist ein schnelles und einfaches Dessert und liefert jede Menge gesunde Nährstoffe. Sie schmeckt mit Himbeeren ebenso gut wie mit Heidelbeeren.

Pro Portion ca. 218 kcal, 12 g Protein, 18 g Kohlenhydrate, 3 g Ballaststoffe, 11 g Fett

ZUTATEN FÜR 4 PORTIONEN
500 g Seidentofu
160 g Himbeeren, frisch oder TK, aufgetaut
60 ml Ahornsirup
50 g Mandelmus
Saft von 1 Zitrone
1 Prise Meersalz

ZUM SERVIEREN
frische Beeren

1. Alle Zutaten in den Mixer geben und zu einer glatten Creme pürieren.
2. Die Creme in 4 Gläser füllen und 1 Stunde kühl stellen.
3. Vor dem Servieren mit frischen Beeren und/oder nach Belieben mit geschlagener Kokossahne und Schokoraspeln garnieren.

*(i) **Himbeeren** enthalten Vitamin C, Mineralstoffe und Antioxidantien. Vitamin C unterstützt die Kollagenproduktion und sorgt so für eine straffe Haut. Die Antioxidantien schützen den Körper vor Schäden durch freie Radikale.*

NO-BAKE-MANDEL-COOKIES

Pro Stück ca. 103 kcal, 3 g Protein, 7 g Kohlenhydrate, 3 g Ballaststoffe, 7 g Fett

Diese leckeren Mandel-Cookies werden nicht gebacken. Sie sind schön saftig und stecken voller gesunder Nährstoffe – Naschen mit gutem Gewissen!

ZUTATEN FÜR 18 STÜCK

125 g Mandeln
130 g weiche, entsteinte Datteln, z. B. Medjool
55 g Mandelmus
1 Prise Meersalz
2 EL Kakao-Nibs

ZUM SERVIEREN

50 g dunkle Schokolade (80 % Kakao)
2 EL Kakao-Nibs
grobes Meersalz

1. Die Mandeln in den Mixer geben und fein zerkleinern.
2. Datteln, Mandelmus und Meersalz dazugeben und weiter zerkleinern, bis eine teigige Masse entstanden ist. Die Kakao-Nibs untermischen.
3. Von der Masse mit einem Löffel kleine Portionen abnehmen und mit den Händen zu Kugeln rollen. Die Kugeln auf ein Schneidbrett legen und mit der Unterseite eines Glases zu flachen Cookies drücken. Es hilft, das Glas dafür vorher kalt abzuspülen.
4. Die Cookies zum Festwerden 2 Stunden kühlen.
5. Die Schokolade grob hacken und über dem Wasserbad schmelzen.
6. Die Cookies zur Hälfte in die Schokolade tauchen oder anderweitig mit Schokolade verzieren. Mit Kakao-Nibs und grobem Meersalz bestreuen.
7. Die Cookies zum Festwerden der Schokolade nochmals kühlen.

*ⓘ **Mandeln** liefern Vitamin E und Polyphenole für eine schöne Haut. Diese Pflanzenstoffe wirken als Antioxidantien und sitzen unter der Haut der Mandeln. Deshalb diese am besten ungeschält verarbeiten.*

ZITRONEN-KÄSEKUCHEN

In diesem erfrischenden Zitronen-Cheesecake steckt kein »Käse« und auch kein Tofu. Die Basis des Kuchens bildet die nährstoffreiche Hirse in der Füllung.

Pro Stück ca. 223 kcal, 5 g Protein, 25 g Kohlenhydrate, 3 g Ballaststoffe, 11 g Fett

ZUTATEN FÜR 12 STÜCKE

Fett für die Form
100 g glutenfreie Haferflocken
60 g Walnüsse oder Pekannüsse
30 g Reismehl oder Dinkelmehl (enthält Gluten)
½ TL Zimtpulver
¼ TL Salz
50 ml Ahornsirup
2 EL flüssiges Kokosöl

FÜR DIE FÜLLUNG

125 g Cashewkerne
125 g Hirse
1 Prise Salz
abgeriebene Schale und Saft von 1 Bio-Zitrone
90 ml Ahornsirup
1 TL Vanilleextrakt

1. Den Backofen auf 180 °C vorheizen. Den Boden einer Springform (20 cm Ø) mit Backpapier belegen, den Rand der Form einfetten.
2. Haferflocken und Walnüsse im Mixer grob häckseln. Alternativ die Walnüsse grob hacken.
3. Haferflocken, Walnüsse, Reismehl, Zimt und Salz in einer Schüssel mischen. Ahornsirup, Kokosöl und 2 Esslöffel Wasser dazugeben und alles zu einer krümeligen Masse verarbeiten.
4. Den Teig in die Springform geben, gleichmäßig verteilen und am Boden gut andrücken. Etwa 10 Minuten im Ofen backen, anschließend herausnehmen und auskühlen lassen.
5. Für die Füllung die Cashewkerne mit Wasser bedecken und mindestens 4 Stunden einweichen. Alternativ mit heißem Wasser übergießen und 30 Minuten einweichen.
6. Die Hirse in ein Sieb geben und abspülen. Mit der doppelten Menge Wasser und dem Salz in einen Topf geben und rund 15 Minuten köcheln lassen. Den Topf vom Herd nehmen und die Hirse noch etwas quellen lassen.
7. Die Cashewkerne abgießen. Mit Hirse, Zitronenschale, Zitronensaft, Ahornsirup und Vanilleextrakt im Mixer zu einer glatten Masse pürieren.
8. Die Füllung auf dem Teigboden verteilen und glatt streichen. Den Käsekuchen mit Klarsichtfolie bedeckt mindestens 4 Stunden kühl stellen.
9. Vor dem Servieren vorsichtig aus der Form lösen. Nach Belieben mit Puderzucker bestäuben und mit Früchten garnieren.

*(i) **Hirse** enthält viel Kieselsäure, die wichtig für die Bildung unseres Bindegewebes ist. Dazu ist der Mineralstoff Zink enthalten, der die Zellerneuerung unterstützt und so die Haut gesund erhält.*

KOKOS-BITES

Diese verführerischen Kokoshappen schmecken traumhaft. Dank einem höheren Proteingehalt durch Soja-Skyr und Proteinpulver beeinflussen die Kokoshappen den Blutzuckerspiegel weniger stark als herkömmliche Süßigkeiten.

Pro Stück ca. 100 kcal,
3 g Protein, 4 g Kohlenhydrate,
3 g Ballaststoffe, 8 g Fett

ZUTATEN FÜR 24 STÜCK

150 g Kokosraspel
30 g Vanille-Proteinpulver oder Mandelmehl
1 TL Rote-Bete-Pulver für die Farbe (optional)
1 Prise Meersalz
200 g Soja-Skyr oder Kokosjoghurt
40 ml Ahornsirup
20 g flüssiges Kokosöl
12 Tropfen Stevia-Süße oder mehr Ahornsirup

FÜR DIE GLASUR

150 g dunkle Schokolade (80 % Kakao)

1. Kokosraspel, Proteinpulver, Rote-Bete-Pulver und Meersalz in eine Schüssel geben und mischen. Soja-Skyr, Ahornsirup, Kokosöl und Stevia-Süße dazugeben und alles mit dem Teigschaber zu einer teigigen Masse verrühren.

2. Die Masse in die Mulden einer Silikon-Riegel- oder Eiswürfelform füllen. Alternativ in eine rechteckige Form füllen und später in Riegel schneiden.

3. Die Riegel mindestens 30 Minuten ins Gefrierfach oder 60 Minuten in den Kühlschrank stellen.

4. In der Zwischenzeit die Schokolade grob hacken und über dem Wasserbad schmelzen.

5. Die Kokoshappen aus der Form lösen bzw. mit einem scharfen Messer in Riegel schneiden.

6. Mit der flüssigen Schokolade verzieren und nach Belieben mit weiteren Kokosraspeln oder Kakao-Nibs bestreuen. Die Kokos-Bites im Kühlschrank oder Gefrierfach lagern.

(i) Die feinen Happen erhalten ihren exotischen Geschmack durch die ***Kokosraspel****, die einige Nährstoffe wie B-Vitamine enthalten, aber einen hohen Fettgehalt haben. Dieser wird durch proteinreichen Soja-Skyr statt mehr Kokosfett ausgeglichen.* ***Soja*** *liefert auch Kupfer, das für die Kollagenbildung wichtig ist.*

SCHWARZER REIS MIT MANGO

Schwarzer Reis ist herrlich aromatisch und liefert kombiniert mit Mango gesunde Verdauungsenzyme. Der Kokos-Milchreis schmeckt warm oder kalt auch als süße Mahlzeit.

Pro Portion ca. 247 kcal, 4 g Protein, 35 g Kohlenhydrate, 3 g Ballaststoffe, 10 g Fett

ZUTATEN FÜR 4 PORTIONEN

150 g schwarzer Reis
200 ml Kokosmilch
1 EL Kokosblütenzucker oder Ahornsirup
½ TL Salz

ZUM SERVIEREN

1 Mango
2 EL Kokosjoghurt
Fruchtsauce oder Fruchtpüree

1. Den Reis 3 Stunden in Wasser einweichen. Anschließend in ein Sieb abgießen, abspülen und in einen Topf geben. Kokosmilch, 250 Milliliter Wasser, Kokosblütenzucker und Salz unterrühren und die Mischung zum Kochen bringen.

2. Die Hitze reduzieren und den Reis bei mittlerer Hitze etwa 20 Minuten köcheln lassen. Ohne vorheriges Einweichen verlängert sich die Kochzeit auf 40 Minuten. Den Topf vom Herd nehmen und den Reis 10 Minuten quellen lassen.

3. Die Mango schälen, entkernen und in Würfel schneiden.

4. Den Reis auf 2 Teller verteilen und mit Mangowürfeln, Kokosjoghurt und Fruchtsauce garniert servieren.

ⓘ *Schwarzer Reis ist eine Vollkornsorte und zeichnet sich durch die wichtigen Spurenelemente Eisen und Kupfer aus. Dazu enthält der Reis entzündungshemmende Antioxidantien. Die Enzyme in der **Mango** unterstützen den Körper bei der Verdauung und Entgiftung.*

SCHOKO-CHIA-TARTE

Pro Stück ca. 239 kcal, 6 g Protein, 21 g Kohlenhydrate, 6 g Ballaststoffe, 13 g Fett

Die knusprige Tarte mit cremiger Schokoladenfüllung ist nicht zu süß und das perfekte Dessert für Gäste. Ich garniere die Tarte im Sommer mit reichlich Beeren und im Winter mit Granatapfelkernen.

ZUTATEN FÜR 10 STÜCKE
Fett für die Form
200 g Dinkelmehl
2 EL Kokosblütenzucker
½ TL Backpulver
1 Prise Salz
90 g Margarine oder Olivenöl

FÜR DIE FÜLLUNG
400 ml Sojadrink
80 ml Ahornsirup
60 g Chiasamen
40 g Haselnussmus
20 g Kakaopulver
1 Prise Salz

ZUM SERVIEREN
Beeren nach Wahl

1. Den Backofen auf 180 °C vorheizen und eine Tarteform (22 cm Ø) einfetten.
2. Dinkelmehl, Kokosblütenzucker, Backpulver und Salz in eine Schüssel geben und mischen.
3. Die Margarine in Stücken dazugeben und alles mit den Händen zu einer sandigen Masse verreiben. Bei Bedarf noch 2 bis 3 Esslöffel kaltes Wasser untermischen. Den Teig dabei nicht kneten.
4. Den Teig in der Tarteform verteilen, dabei einen Rand hochziehen und den Boden gut andrücken. Den Boden mehrfach mit einer Gabel einstechen.
5. Etwa 15 Minuten im Ofen vorbacken. Anschließend herausnehmen.
6. Für die Füllung alle Zutaten in den Hochleistungsmixer geben und zu einer glatten Creme verarbeiten.
7. Die Creme auf dem Tarteboden verteilen und die Tarte weitere 20 bis 25 Minuten im Ofen backen. Herausnehmen und abkühlen lassen. Die Füllung wird beim Abkühlen fest. Mit den Beeren garniert servieren.

i ***Chiasamen*** *sind reich an wichtigen Nährstoffen wie Proteinen, gesunden Fettsäuren und Ballaststoffen. Daneben enthalten sie Mineralien wie Kalzium und entzündungshemmende Antioxidantien.*

HEIDELBEER-BANANEN-KUCHEN

Der feine Kuchen ist nicht zu süß und ruckzuck im Mixer zubereitet. Die Heidelbeeren sorgen für die tolle Farbe, zudem liefern sie gesunde Antioxidantien.

Pro Stück ca. 179 kcal,
5 g Protein, 38 g Kohlenhydrate,
5 g Ballaststoffe, 4 g Fett

ZUTATEN FÜR 8 STÜCKE

Fett für die Form
4 reife Bananen (ca. 350 g ohne Schale)
150 g TK-Heidelbeeren, angetaut
180 g Dinkelmehl
80 g Erythrit oder Birkenzucker
40 g Mandelmehl oder Sonnenblumen-Proteinpulver
2 TL Weinstein-Backpulver
1 EL Cashew- oder Mandelmus
1 Prise Salz

1. Den Backofen auf 180 °C vorheizen und eine Kastenform (22 cm Länge) einfetten.
2. Bananen, Heidelbeeren, Dinkelmehl, Erythrit, Mandelmehl, Backpulver, Cashewmus und Salz in den Hochleistungsmixer geben und zu einem Teig verarbeiten. Ohne Mixer Bananen und Heidelbeeren mit dem Pürierstab zerkleinern und anschließend mit den restlichen Zutaten mischen.
3. Den Teig in die vorbereitete Form füllen und 60 bis 70 Minuten im Ofen backen. Vor dem Herausnehmen die Stäbchenprobe machen. Wenn die Oberfläche des Kuchens zu stark bräunt, gegen Ende der Backzeit mit Alufolie abdecken.
4. Den Heidelbeer-Bananen-Kuchen kurz in der Form abkühlen lassen, dann vorsichtig aus der Form heben und vollständig auskühlen lassen.

(i) **Heidelbeeren** *sind vollgepackt mit gesunden Nährstoffen und sekundären Pflanzenstoffen wie Gerb- und Pflanzenfarbstoffen. Für die blaue Farbe sorgen Anthocyane, die auch gegen Entzündungen wirksam sind. Das Vitamin C, das Zink und das Eisen in den Beeren unterstützen eine gesunde Haut.*

TIRAMISU-MUFFINS

Pro Stück ca. 359 kcal,
17 g Protein, 34 g Kohlenhydrate,
6 g Ballaststoffe, 16 g Fett

Die feinen Tiramisu-Muffins mit proteinreichem Skyr-Topping sind einfach zuzubereiten und schmecken zum Nachmittagskaffee oder Brunch.

ZUTATEN FÜR 6 STÜCK

180 g glutenfreie Haferflocken oder Hafermehl
90 g gemahlene Mandeln
60 g Kokosblütenzucker
2 TL Weinstein-Backpulver
⅛ TL Meersalz
130 g Soja-Skyr Vanille oder Kokosjoghurt
75 ml Kaffee (2 Espressi)
45 ml Ahornsirup
40 g Mandelmus

FÜR DAS TOPPING

160 g Soja-Skyr Vanille
2 EL Vanille-Proteinpulver oder Vanille-Puddingpulver (optional)
2 EL ungesüßtes Kakaopulver zum Bestäuben

1. Den Backofen auf 180 °C vorheizen und ein Muffinblech mit 6 Förmchen auskleiden.
2. Die Haferflocken im Mixer zu Hafermehl zerkleinern.
3. Hafermehl, Mandeln, Kokosblütenzucker, Backpulver und Salz in eine Schüssel geben und mischen.
4. Soja-Skyr, Kaffee, Ahornsirup und Mandelmus dazugeben und alles rasch zu einem Teig verrühren.
5. Den Teig gleichmäßig auf die Muffinförmchen verteilen.
6. Etwa 25 Minuten im Ofen backen, anschließend herausnehmen und leicht abkühlen lassen.
7. Soja-Skyr und Proteinpulver mit dem Schneebesen zu einer glatten, festen Creme verrühren und diese auf den abgekühlten Muffins verteilen.
8. Die Muffins mit Kakaopulver bestäuben und genießen.

Statt mit Mehl werden die Muffins mit gemahlenen ***Haferflocken*** *zubereitet. Hafer liefert lösliche Ballaststoffe für eine gesunde Verdauung. Das Vitamin B1 (Thiamin) in Haferflocken ist wichtig für den Energiestoffwechsel: Dort ist es als Coenzym an der Energiegewinnung aus Kohlenhydraten beteiligt.*

ORANGEN-CHEESECAKE-TÖRTCHEN

Die gesunden Rohkost-Törtchen sind mit wenigen, vollwertigen Zutaten im Mixer gemacht und perfekt zum Vorbereiten. Die Kombination von Orange und Kakao schmeckt wunderbar.

Pro Stück ca. 277 kcal, 7 g Protein, 23 g Kohlenhydrate, 4 g Ballaststoffe, 18 g Fett

ZUTATEN FÜR 12 STÜCK
150 g Mandeln
145 g weiche, entsteinte Datteln, z. B. Medjool
4 EL ungesüßtes Kakaopulver
¼ TL Salz

FÜR DIE FÜLLUNG
260 g Cashewkerne
110 g Kokoscreme (das Feste, das sich in der Dose oben auf dem Kokoswasser absetzt)
110 ml Ahornsirup
abgeriebene Schale und Saft von 2 Bio-Orangen

ZUM SERVIEREN
2 EL geschmolzene dunkle Schokolade (80 % Kakao)

1. Mandeln, Datteln, Kakaopulver und Salz in den Mixer geben und zu einer teigigen Masse zerkleinern.
2. Die Mulden eines Muffinblechs mit Förmchen auslegen. Jeweils 1 bis 2 Esslöffel der Masse in die Förmchen füllen und am Boden gut andrücken. Das Muffinblech bis zur Weiterverwendung kühl stellen.
3. Die Cashewkerne 4 Stunden in Wasser einweichen. Für die schnellere Variante mit heißem Wasser übergießen und 30 Minuten einweichen. Anschließend in ein Sieb abgießen.
4. Die Dose mit der Kokosmilch über Nacht in den Kühlschrank stellen. Dann den festen Teil (Kokoscreme) mit einem Löffel abnehmen. Die Flüssigkeit (Kokoswasser) für Smoothies oder zum Kochen verwenden.
5. Cashewkerne, Kokoscreme, Ahornsirup, Orangenschale und Orangensaft in den Mixer geben und zu einer glatten Creme pürieren.
6. Die Creme auf dem Teigboden in den Förmchen verteilen und die Törtchen mindestens 1 Stunde ins Gefrierfach stellen.
7. Die Törtchen aus der Form lösen und mit Schokolade verzieren. Gekühlt oder tiefgekühlt aufbewahren.

*ⓘ **Orangen** liefern Vitamin C für ein festes Bindegewebe und sekundäre Pflanzenstoffe wie Polyphenole. Diese können unsere Haut vor Schäden durch freie Radikale schützen.*

PROTEIN-BROWNIES

Pro Stück ca. 172 kcal, 8 g Protein, 15 g Kohlenhydrate, 9 g Ballaststoffe, 9 g Fett

Die schokoladigen Brownies sind proteinreich und schnell gemacht. Als geheime Zutat verstecken sich Bohnen in ihnen! Aber keine Sorge: Die schmeckt ihr bestimmt nicht raus.

ZUTATEN FÜR 16 STÜCK

250 g getrocknete Kidneybohnen oder 520 g abgetropfte Kidneybohnen aus der Dose
Fett für die Form
70 g gemahlene Mandeln
50 g Kakaopulver
2 TL Backpulver
½ TL Salz
120 g weiche, entsteinte Datteln, z. B. Medjool
90 g Mandelmus
90 ml Ahornsirup
60 ml Pflanzendrink nach Wahl

FÜR DAS FROSTING (OPTIONAL)
60 g dunkle Schokolade (80 % Kakao)
30 g Mandelmus
100 g Kokosjoghurt

1. Die Kidneybohnen über Nacht einweichen. Am nächsten Tag abgießen und gründlich abspülen. Mit frischem Wasser in einen Topf geben und in 30 Minuten weich köcheln. Erneut abgießen und abkühlen lassen.

2. Den Backofen auf 180 °C vorheizen. Den Boden einer quadratischen Backform (20 x 20 cm) mit Backpapier belegen, den Rand der Form einfetten.

3. Bohnen, Mandeln, Kakaopulver, Backpulver, Salz, Datteln, Mandelmus, Ahornsirup und Pflanzendrink in den Mixer geben und zu einem Teig verarbeiten. Ohne Mixer die Bohnen und die restlichen flüssigen Zutaten mit dem Pürierstab zerkleinern und anschließend mit den trockenen Zutaten mischen.

4. Den Teig in die vorbereitete Form füllen und etwa 30 Minuten im Ofen backen. Herausnehmen und abkühlen lassen.

5. Für das Frosting die Schokolade grob hacken und mit dem Mandelmus über dem Wasserbad schmelzen. Leicht abkühlen lassen.

6. Den Kokosjoghurt mit dem Schneebesen unter die Schokoladenmischung rühren und die Brownies mit dem Frosting bestreichen.

---

*ⓘ **Kidneybohnen** enthalten eine gesunde Kombination aus Proteinen, Ballaststoffen, Vitaminen und Mineralien und sollten regelmäßig in den Speiseplan eingebaut werden. Generell enthalten Bohnen das Spurenelement Kupfer, das die Vernetzung der Kollagen- und Elastinschicht der Haut fördert, was eine gesunde, straffe Haut unterstützt.*

SCHOKO-KNUSPERRIEGEL

Pro Stück ca. 68 kcal, 2 g Protein, 4 g Kohlenhydrate, 1 g Ballaststoffe, 4 g Fett

Die knusprigen Happen sind ideal, um gepufftes Getreide wie Quinoa oder Amaranth zu verwerten und nährstoffreiche Superfoods wie Chia- und Hanfsamen in ein Dessert einzubauen.

ZUTATEN FÜR 24 STÜCK

80 g gepufftes Pseudogetreide, z. B. Quinoa oder Amaranth
2 EL Chiasamen
2 EL Hanfsamen
1 EL Kürbiskerne
1 EL Sonnenblumenkerne
1 EL Kokosraspel
1 Prise Meersalz
150 g dunkle Schokolade
1 EL ungesüßtes Erdnussmus

1. Gepufftes Getreide, Chiasamen, Hanfsamen, Kürbiskerne, Sonnenblumenkerne, Kokosraspel, Meersalz und weitere Zutaten nach Wahl (z. B. Kakao-Nibs, Cranberrys etc.) in eine Schüssel geben und mischen.

2. Die dunkle Schokolade grob hacken und mit dem Erdnussmus über dem Wasserbad schmelzen.

3. Je 2 Esslöffel der trockenen Mischung in die Mulden einer Silikon-Riegelform füllen. Je 2 Esslöffel der geschmolzenen Schokoladenmischung darauf verteilen. Ohne Silikon-Riegelform die Schokoladenmischung zu den trockenen Zutaten geben, verrühren und in einer rechteckigen Form verteilen.

4. Die Form zum Festwerden der Riegel 30 Minuten ins Gefrierfach oder 1 Stunde in den Kühlschrank stellen.

5. Die Riegel aus der Form lösen oder die Masse mit einem scharfen Messer in kleine Riegel schneiden. Die Schoko-Knusperriegel im Kühlschrank oder im Gefrierfach lagern.

---

*ⓘ Gepufftes **Quinoa** ist eine gute Quelle für Magnesium. Der Mineralstoff unterstützt die Haut bei der Reinigung von innen und sorgt dafür, dass der Fettsäureanteil der Hautzellen nicht abnimmt.*

HASELNUSS-SCHOKO-PRALINEN

Die selbst gemachten Pralinen sind mit wenigen vollwertigen Zutaten gemacht und schmecken superlecker. Zudem sind sie das perfekte Mitbringsel für Freunde!

Pro Stück ca. 157 kcal, 3 g Protein, 12 g Kohlenhydrate, 3 g Ballaststoffe, 10 g Fett

ZUTATEN FÜR 16 STÜCK

80 g ganze Haselnüsse
60 g glutenfreie Haferflocken
120 g weiche, entsteinte Datteln, z. B. Medjool
40 g gemahlene Haselnüsse
3 EL Pflanzendrink nach Wahl, z. B. auf Nussbasis
2 EL ungesüßtes Kakaopulver
1 EL Haselnuss- oder Cashewmus
1 Prise Salz

FÜR DIE GLASUR

150 g dunkle Schokolade (80 % Kakao)
2 EL gehackte Haselnüsse

1. Den Backofen auf 180 °C vorheizen.
2. Die ganzen Haselnüsse auf einem Backblech verteilen und etwa 15 Minuten im Ofen rösten. Herausnehmen, in ein Geschirrtuch geben, das Geschirrtuch über die Nüsse schlagen und die Nüsse abkühlen lassen. Die Nussschalen mit dem Geschirrtuch abreiben und die Nüsse beiseitestellen.
3. Haferflocken, Datteln, gemahlene Haselnüsse, Pflanzendrink, Kakaopulver, Nussmus und Salz in den Mixer geben und zerkleinern, bis eine teigige Masse entstanden ist.
4. Aus der Masse mit einem Löffel kleine Portionen abnehmen, diese flach drücken, in die Mitte eine ganze Haselnuss geben, verschließen und zu einer Kugel formen.
5. Die Kugeln auf ein Schneidbrett legen und 30 Minuten ins Gefrierfach stellen.
6. Die Schokolade grob hacken und über dem Wasserbad schmelzen.
7. Nach und nach wenig gehackte Haselnüsse in die geschmolzene Schokolade geben und die Kugeln darin wälzen. Gut abtropfen lassen und auf ein Kuchengitter oder Schneidbrett legen.
8. Die Pralinen zum Festwerden für 1 Stunde in den Kühlschrank stellen.

---

*ⓘ **Haselnüsse** liefern wichtige Omega-3- und Omega-6-Fettsäuren sowie Lecithin, das sich positiv auf unsere Leistungsfähigkeit auswirkt. Der Mineralstoff Zink hilft bei der Wundheilung und Zellerneuerung der Haut.*

BASICS

VORBEREITUNG, DIE SICH LOHNT

In diesem Kapitel findet ihr praktische Basics, die ich häufig verwende, sei es für weitere Rezepte oder als Toppings. Selbermachen lohnt sich für unsere Gesundheit, da fertige Produkte oft unnötig viel Salz, Zucker oder sonstige Zusatzstoffe enthalten.

Das Angebot an fertigen Produkten ist riesig und praktisch, für unseren Körper und unser Wohlbefinden sollten wir aber immer einen kritischen Blick auf die Zutatenliste werfen. Die Basics im Rezeptteil bereite ich regelmäßig vor und verwende sie oft als Grundlage für weitere Rezepte.

Das Selbermachen von Pflanzendrinks (siehe S. 154), Kürbis-Parmesan (siehe S. 158) oder Chiamarmelade (siehe S. 155) benötigt nicht viel Zeit und zahlt sich immer aus. So kann ich vollwertige, nährstoffreiche Bio-Zutaten verwenden und verzichte auf unnötige Zusatzstoffe in fertigen Produkten. Basics wie der Kürbis-Parmesan können jedes Gericht mit zusätzlichen Mineralstoffen und Spurenelementen – in diesem Fall aus den Kürbiskernen – aufwerten, statt wie pflanzliche Käsealternativen aus dem Supermarkt mit zu viel Salz und Fett aufzuwarten. Was süße Brotaufstriche angeht, liebt meine Familie die schnelle Chiamarmelade mit Beeren, die es bei uns oft am Wochenende gibt. Diese ist weniger süß und nicht mit Zucker konserviert. Zum Binden dienen Chiasamen, wodurch die Konfitüre ein Plus an Proteinen, Ballaststoffen und Omega-3-Fettsäuren liefert.

VOLLWERTIG, GESUND UND OHNE KONSERVIERUNGSSTOFFE

Die Basisrezepte erleichtern es mir, schnell und abwechslungsreich zu kochen. So steht mit vorbereitetem Pistazien-Pesto (siehe S. 159) oder Hülsenfrüchtetofu (siehe S. 160), ergänzt durch eine Beilage, rasch eine Mahlzeit auf dem Tisch. Was in diesem Kapitel natürlich auch nicht fehlen darf, ist die Anleitung zur Herstellung eines Sauerteigansatzes (siehe S. 156). Dieser braucht anfangs etwas Zuwendung, dafür werdet ihr im Anschluss immer mit knusprigem Sauerteigbrot (siehe S. 49) belohnt.

Neben der Verwendung vollwertiger Zutaten und selbst gemachter Basics könnt ihr jedes Gericht mit der Zugabe von frischen oder getrockneten Kräutern aufwerten. So liefern etwa Majoran, Rosmarin oder Oregano neben einem feinen Aroma auch eine antioxidative Wirkung, d. h., sie unterstützen den Körper bei der Abwehr von freien Radikalen.

HANFDRINK

Pro Portion (Basisrezept)
ca. 60 kcal, 3 g Protein, 1 g Kohlenhydrate, 0 g Ballaststoffe, 5 g Fett

Der cremige Hanfdrink ist mit nur wenigen Zutaten sowie ohne vorheriges Einweichen und Auspressen im Nussmilchbeutel in wenigen Minuten gemacht. Das Basisrezept kann nach Belieben mit weiteren Zutaten verfeinert werden.

ZUTATEN FÜR 12 PORTIONEN
130 g geschälte Hanfsamen
⅛ TL Salz
1 Medjool-Dattel, entsteint (optional)

VARIANTE SCHOKO
1 Medjool-Dattel, entsteint (optional)
2 EL Kakaopulver

VARIANTE BEEREN
100 g Beeren, frisch oder TK

*(i) **Hanfsamen** sind berauschend gesund, aber keine Angst: Speisehanf enthält kein berauschendes THC. Dafür enthalten die Samen alle essenziellen Aminosäuren sowie gesunde Omega-3- und Omega-6-Fettsäuren. Zudem liefern sie B-Vitamine, Vitamin E und für die Blutbildung wichtiges Eisen.*

1. Hanfsamen, 750 Milliliter Wasser und Salz in den Hochleistungsmixer geben und in einigen Minuten gründlich zerkleinern. Optional für eine leichte Süße 1 Dattel dazumixen.
2. Für die Schokovariante Dattel und Kakaopulver dazugeben und alles gut mixen.
3. Für die Beerenvariante die Beeren dazugeben und gut mixen.
4. Den Hanfdrink in saubere Glasflaschen füllen, die Flaschen verschließen und den Drink kühlen. So hält er sich 5 Tage. Bei der Verwendung von ungeschälten Hanfsamen den Hanfdrink vor dem Abfüllen mit einem Nussmilchbeutel gut auspressen.

CHIAMARMELADE

Der Fruchtaufstrich ist in zehn Minuten gemacht und das Lieblingsrezept meiner Familie. Im Gegensatz zu herkömmlichen Marmeladen kommt die Chiamarmelade ohne zusätzlichen Zucker aus und liefert essenzielle Proteine, Fettsäuren und Ballaststoffe.

Pro Portion ca. 56 kcal,
1 g Protein, 7 g Kohlenhydrate,
3 g Ballaststoffe, 2 g Fett

ZUTATEN FÜR 10 PORTIONEN

480 g Beeren, frisch oder TK, z. B. Himbeeren, Heidelbeeren oder Erdbeeren
4 EL Chiasamen
Saft von ½ Zitrone
2 EL Ahornsirup

1. Die Beeren in einen Topf geben und erwärmen, dabei gelegentlich umrühren. Bei mittlerer Hitze köcheln lassen, bis die Beeren weich werden und Flüssigkeit abgeben. Nach Belieben die Beeren mit dem Kochlöffel auch leicht zerdrücken.

2. Chiasamen, Zitronensaft sowie Ahornsirup dazugeben und unterrühren. Alles noch einmal wenige Minuten köcheln lassen, dann den Topf vom Herd nehmen.

3. Die Marmelade einige Minuten abkühlen und die Chiasamen quellen lassen.

4. Nochmals umrühren und die Chiamarmelade direkt genießen oder in kleine Einmachgläser füllen und luftdicht verschließen. Im Kühlschrank hält sich die Chiamarmelade etwa 1 Woche.

*(i) **Chiasamen** liefern wichtige Fett- und Aminosäuren sowie gesunde Ballaststoffe, zudem haben sie eine stark quellende Wirkung. Die Samen sollten im Rahmen einer abwechslungsreichen Ernährung genossen, außerdem sollte viel dazu getrunken werden. Mit dem enthaltenen Kalzium sorgen Chiasamen für gesunde Blutgefäße und eine pralle Haut.*

SAUERTEIGANSATZ

Sauerteigbrot (siehe S. 49) schmeckt wunderbar und ist durch die lange Gehzeit und den Sauerteig auch gut verträglich. Sauerteig ist ein natürliches Triebmittel, das für den feinen Geschmack und die Haltbarkeit des Brotes sorgt. Es lohnt sich, für köstliches Brot einen Sauerteigansatz herzustellen. Lange habe ich mich nicht an Sauerteigbrot gewagt, mit dieser Anleitung für die Herstellung eines Sauerteigansatzes gelingt die Zubereitung jedoch immer.

ZUTATEN
FÜR 1 SAUERTEIGANSATZ
600 g Bio-Roggenmehl

AUSSERDEM
2 saubere Weckgläser mit Deckel

ⓘ *Nach sieben Tagen Arbeitszeit ist der Sauerteigansatz aktiv und kann zum Brotbacken genutzt werden. Der Sauerteigansatz wird ab dann im Kühlschrank gelagert und sollte alle sieben bis neun Tage »gefüttert«, also mit etwas Roggenmehl wie unten beschrieben aufgefrischt werden.*

ⓘ *Die **Sauerteiggärung** erfolgt durch aerob gärende Hefen, das dabei entstehende Kohlendioxid lässt den Teig aufgehen. Im Sauerteigansatz sind eine Vielzahl an »guten« Bakterien und Hefen enthalten, die gesund für den Darm sind. Diese »verdauen« das Mehl vor und bauen Phytinsäure ab, wodurch das Sauerteigbrot auch mit Weizen gut verträglich ist. Die Sauerteigbakterien und Hefen bauen den Zucker ab, somit hat ein Sauerteigbrot einen niedrigeren glykämischen Index als normale Hefebrote. D. h., der Blutzuckerspiegel bleibt stabiler, und wir sind länger satt und zufrieden.*

---

1. Tag 1: Zum Ansetzen 100 Gramm Roggenmehl und 150 Gramm lauwarmes Wasser in einem Weckglas gut mit dem Löffel verrühren. Den Deckel lose auf das Glas legen (nicht verschließen) und den Ansatz bei Raumtemperatur 48 Stunden reifen lassen.

2. Tag 3: 100 Gramm Roggenmehl und 100 Gramm lauwarmes Wasser in einem weiteren Weckglas verrühren. Den Sauerteigansatz von Tag 1 gut durchrühren und 50 Gramm davon in das neue Glas geben. Wiederum gut verrühren. Den restlichen Sauerteigansatz von Tag 1 entsorgen. Den Deckel lose auf das Glas legen und den neuen Ansatz bei Raumtemperatur 24 Stunden reifen lassen.

3. Tag 4–7: Während dieser Tage wird der Sauerteig täglich »gefüttert«. Dafür jeweils 100 Gramm Roggenmehl und 100 Gramm lauwarmes Wasser in einem neuen Weckglas verrühren. Den Sauerteigansatz vom Vortag gut durchrühren, 50 Gramm davon ins neue Glas geben, durchrühren und zugedeckt bei Raumtemperatur 24 Stunden reifen lassen. Den restlichen Sauerteig jeweils entsorgen. Den Sauerteigansatz ab Tag 7 im Kühlschrank lagern.

4. Der Sauerteig arbeitet während dieser Zeit, er nimmt an Volumen zu, fällt wieder zusammen. Nach 7 Tagen ist die Sauerteigkultur zum Backen bereit und kann weiterhin alle 7 bis 9 Tage aufgefrischt (»gefüttert«) werden. Das Aroma vom Brot wird mit der Zeit auch immer besser.

5. Um den Sauerteig aufzufrischen (zu »füttern«), 100 Gramm Wasser und 80 Gramm Roggenmehl in einem Weckglas verrühren. Den Sauerteigansatz durchrühren und 20 Gramm davon ins neue Glas geben. Erneut durchrühren und den Deckel lose auflegen. Bei Raumtemperatur etwa 12 Stunden reifen lassen.

KÜRBIS-PARMESAN

Pro Portion ca. 91 kcal,
4 g Protein, 4 g Kohlenhydrate,
1 g Ballaststoffe, 7 g Fett

Der pflanzliche Parmesan schmeckt herrlich aromatisch und stellt durch die Kürbiskerne eine gesunde Alternative zu nicht-pflanzlichem Käse dar. Für das Käsearoma sorgen nährstoffreiche Hefeflocken.

ZUTATEN FÜR 12 PORTIONEN

90 g Cashewkerne
80 g Kürbiskerne
20 g Pankomehl aus dem Asialaden oder Paniermehl
20 g Hefeflocken
1 TL Salz
½ TL schwarzer Pfeffer, frisch gemahlen
abgeriebene Schale von 1 Bio-Zitrone

1. Cashewkerne, Kürbiskerne, Pankomehl, Hefeflocken, Salz und Pfeffer in den Mixer geben und fein mahlen.
2. Die Zitronenschale dazugeben und untermischen.
3. Den Kürbis-Parmesan in ein Vorratsglas füllen und im Kühlschrank lagern.

*ⓘ **Kürbis-** und **Cashewkerne** liefern pflanzliches Eiweiß, gesunde Fettsäuren und wichtige Mineralstoffe wie Magnesium und Eisen – das perfekte Beauty-Topping für viele Gerichte!*

PISTAZIEN-PESTO

Für mich ist das Pistazien-Pesto das beste Pesto überhaupt und mit nur fünf Zutaten superschnell zubereitet. Die Pistazien und der Rucola sorgen für ein tolles Aroma; wer mag, gibt noch etwas Zitrone oder Knoblauch dazu.

Pro Portion ca. 186 kcal,
5 g Protein, 3 g Kohlenhydrate,
2 g Ballaststoffe, 17 g Fett

ZUTATEN FÜR 6 PORTIONEN
90 g ungesalzene geschälte Pistazien
60 ml Olivenöl
2 EL Hefeflocken
1 TL Salz
50 g Rucola

1. Alle Zutaten in den Mixer geben und zerkleinern.
2. Das Pesto direkt genießen oder in ein Vorratsglas füllen und im Kühlschrank lagern.

*(i) **Pistazien** enthalten gesunde Fettsäuren, Proteine und Pflanzenstoffe wie Polyphenole, die als Antioxidantien wirken. Das unterstützt eine gesunde Haut und gesunde Augen.*

HÜLSENFRÜCHTETOFU

Pro Portion ca. 120 kcal, 8 g Protein, 17 g Kohlenhydrate, 4 g Ballaststoffe, 1 g Fett

Proteinreicher Tofu lässt sich prima aus Hülsenfrüchten zubereiten. Ich verwende dafür am liebsten getrocknete Erbsen oder rote Linsen als Basis.

ZUTATEN FÜR 6 PORTIONEN

200 g getrocknete Hülsenfrüchte, z. B. Erbsen, rote Linsen, Bohnen
1 TL Salz
½ EL Essig

1. Die Hülsenfrüchte in eine Schüssel geben, mit Wasser bedecken und 12 Stunden oder über Nacht einweichen.
2. In ein Sieb abgießen und gut abspülen.
3. Anschließend in den Standmixer geben, 400 Milliliter frisches Wasser, Salz sowie Essig dazugeben und alles gründlich pürieren.
4. Die Masse in einen Topf geben und unter Rühren langsam aufkochen. Den Topf vom Herd nehmen und die Masse in eine kalt ausgespülte quadratische Form (ca. 18 x 18 cm) füllen. 4 Stunden kühl stellen.
5. Den Tofu aus der Form lösen und nach Belieben weiterverwenden.

*ⓘ **Rote Linsen** und **andere Hülsenfrüchte** enthalten Eisen, das für die Blutbildung wichtig ist. Zudem unterstützt Eisen eine gesunde Haut, feste Nägel und glänzende Haare.*

TOFU-FETA

Die kleinen Tofuwürfel sind perfekt zum Snacken, auf Salaten oder in Sandwiches. Tofu schmeckt nicht wie der originale Feta, ist würzig mariniert aber eine super Variante, die alle mögen.

Pro Portion ca. 133 kcal, 5 g Protein, 2 g Kohlenhydrate, 1 g Ballaststoffe, 12 g Fett

1. Den Tofu in gleichmäßige Würfel schneiden und in ein Einmachglas geben. Italienische Kräuter, Petersilie, Hefeflocken und Salz dazugeben.
2. Das Glas mit dem Olivenöl aufgießen und Limettensaft sowie Apfelessig dazugeben.
3. Das Einmachglas verschließen und alles kräftig durchschütteln, damit der Tofu gut mit den Gewürzen und Kräutern bedeckt ist.
4. In den Kühlschrank stellen und 24 Stunden ziehen lassen.
5. Das Glas im Kühlschrank lagern und immer wieder schütteln, damit sich Kräuter und Tofu mischen.

ZUTATEN FÜR 8 PORTIONEN

300 g Tofu Natur
½ EL getrocknete italienische Kräuter
½ EL gehackte frische Petersilie
½ EL Hefeflocken
1 TL Salz
100 ml Olivenöl
Saft von ½ Limette oder Zitrone
1 EL Apfelessig

i *Tofu wird aus Soja hergestellt und liefert alle essenziellen Aminosäuren, die der Körper nicht selbst bilden kann. Zudem ist Tofu eine gute Eisenquelle und somit wichtig für eine gesunde Haut. Die übrig gebliebene Marinade im Glas eignet sich anschließend sehr gut für Pastasaucen.*

CASHEW-SOUR-CREAM

Ein Klecks meiner Cashew-Sour-Cream eignet sich ideal zum Verfeinern vieler Gerichte. Ich nutze sie als Topping für gebackene Süßkartoffeln oder auf Suppen und Eintöpfen.

Pro Portion ca. 126 kcal,
5 g Protein, 6 g Kohlenhydrate,
1 g Ballaststoffe, 10 g Fett

ZUTATEN FÜR 6 PORTIONEN
130 g Cashewkerne
25 ml Zitronensaft, frisch gepresst
1 EL Hefeflocken
½ TL Meersalz

*ⓘ **Cashewkerne** sorgen für Wohlbefinden und enthalten Magnesium sowie die Aminosäure L-Tryptophan. Diese ist ein Baustein des »Glückshormons« Serotonin.*

1. Die Cashewkerne in eine Schüssel geben, mit Wasser bedecken und mindestens 8 Stunden oder über Nacht einweichen.
2. In ein Sieb abgießen und abspülen. Mit Zitronensaft, Hefeflocken, Meersalz und 100 Milliliter Wasser in den Mixer geben und glatt pürieren.
3. Die Cashew-Sour-Cream in ein Einmachglas füllen und gekühlt lagern.

PINK PICKLES

Das schnell eingelegte Gemüse schmeckt super auf Salaten, Brot, Risotto und mehr. Durch das Einlegen werden die Zwiebeln knackig und pink; sie sind danach leicht säuerlich und nicht mehr so scharf wie rohe Zwiebel.

Pro Portion ca. 49 kcal, 1 g Protein, 10 g Kohlenhydrate, 1 g Ballaststoffe, 0 g Fett

ZUTATEN FÜR 8 PORTIONEN

5 rote Zwiebeln (ca. 440 g)
1 EL Salz
1 Bund Radieschen
250 ml Apfelessig
3 EL Ahornsirup

1. Die Zwiebeln abziehen und in feine Ringe schneiden. In eine Schüssel geben und mit dem Salz mischen. Mindestens 30 Minuten ziehen lassen.
2. In ein Sieb geben und abspülen. Die Radieschen waschen und in Scheiben schneiden. Mit den Zwiebelringen dicht in ein großes Einmachglas schichten.
3. Apfelessig, 250 Milliliter Wasser und Ahornsirup in einem Topf zum Kochen bringen. Die kochende Flüssigkeit über das Gemüse gießen.
4. Das Einmachglas verschließen und auf Raumtemperatur abkühlen lassen. Dann in den Kühlschrank stellen. So halten sich die Pink Pickles 3 Wochen.

*Das **eingelegte Gemüse** ist reich an Antioxidantien und Präbiotika. Das sind unverdauliche Nahrungsbestandteile, die das Wachstum einer gesunden Darmflora begünstigen.*

KICHERERBSEN-PITABROT

Pro Stück ca. 304 kcal, 16 g Protein, 42 g Kohlenhydrate, 9 g Ballaststoffe, 5 g Fett

Das weiche Pitabrot ist ohne Hefe und schnell gemacht. Es schmeckt ausgezeichnet mit Hummus und Dips, eignet sich ideal aber auch zum Füllen mit Tofu-Gyros (siehe S. 114).

ZUTATEN FÜR 4 BROTE

150 g helles Dinkelmehl
150 g Kichererbsenmehl
1 TL Backpulver
½ TL Salz
⅛ TL gemahlene Kurkuma
250 g Sojajoghurt
1 EL flüssige Margarine oder Olivenöl
Sesamsamen zum Bestreuen

1. Den Backofen auf 180 °C vorheizen und ein Backblech mit Backpapier belegen.
2. Dinkelmehl, Kichererbsenmehl, Backpulver, Salz und Kurkuma in eine Schüssel geben und mischen. Den Sojajoghurt dazugeben und alles zu einem weichen Teig kneten.
3. Den Teig in 4 Portionen teilen und mit feuchten Händen zu flachen Fladen formen.
4. Die Pitabrote auf das Backblech legen und mit der Margarine bestreichen sowie mit den Sesamsamen bestreuen.
5. 25 bis 30 Minuten im Ofen backen. Frisch schmeckt das Pitabrot am besten!

ⓘ *__Kichererbsenmehl__ ist proteinreich und glutenfrei und liefert wichtige Mineralstoffe wie Magnesium, Kalzium und Eisen. Für ein glutenfreies Pitabrot das Dinkelmehl durch eine glutenfreie Mehlmischung oder Hafermehl ersetzen.*

BEAUTY-REZEPTE

SCHÖNHEIT VON AUSSEN

Mit pflanzlichen Zutaten lassen sich Haut und Haare auch von außen zum Strahlen bringen, sei es als Maske, Peeling oder Haarkur. Die folgenden Beauty-Rezepte sind einfach und ideal, um in die wöchentliche Pflegeroutine integriert zu werden. Die Zutaten dafür habt ihr sicher zu Hause, und das Tolle an selbst gemachter Kosmetik ist zudem, dass ihr so ganz auf synthetische Stoffe verzichten könnt.

AVOCADO-BANANEN-KUR

KOKOS-MINZE-KÖRPERPEELING

HAFERFLOCKENMASKE

SCHOKO-KOKOS-MASKE

Vorab: Beim Thema Schönheit ist es wichtig, einen ganzheitlichen Ansatz zu verfolgen, denn äußere oder innere Schönheit allein funktioniert nicht. Es ist wohl eher die Mischung aus Ausstrahlung, Herzlichkeit und Aura, die dafür sorgt, dass wir uns wohl in unserer Haut fühlen. Dazu brauchen wir außerdem eine positive Grundeinstellung, ausreichend Schlaf, regelmäßige Bewegung und eine ausgewogene, nährstoffreiche Ernährung. All das kann durch äußerliche Anwendungen wie duftende Masken oder Cremes unterstützt werden.

Mit den folgenden einfachen Beauty-Rezepten möchte ich vor allem euer Wohlbefinden fördern. Ihr könnt diese einfach mit Zutaten aus dem Vorratsschrank zubereiten und euch so eine kleine Auszeit zu Hause gönnen. Ich mache die Rezepte auch gern zusammen mit meinen Kindern, die es ebenfalls lieben, ihr Haar mit Kuren zu pflegen oder zusammen mit mir im Liegen eine selbst gemachte Maske einwirken zu lassen.

GENUSSVOLLE AUSZEIT

Für die Reinigung meiner Haut verwende ich morgens lauwarmes Wasser. Dazu ist Apfelessig ein effektives Hausmittel für die Reinigung. Dafür einfach destilliertes Wasser mit etwas Apfelessig in einer Flasche mischen und dies als Gesichtswasser verwenden. Ergänzend dazu empfiehlt es sich, die Haut zweimal wöchentlich durch sanftes Abreiben mit Zitronenscheiben zu pflegen. Abends sind zur Reinigung von Schmutz und Make-up reine Pflanzenöle wie Kokosöl, Arganöl, Weizenkeimöl oder Avocadoöl empfehlenswert. Auch Haferflocken sind vermischt mit etwas Wasser und Öl ganz oder fein gemahlen ideal für ein sanftes Peeling oder können als pflegende Haferflockenmaske (siehe S. 168) angewendet werden.

Ein weiterer Vorteil von selbst gemachter Kosmetik besteht darin, dass sie preiswert ist und ganz ohne tierische Produkte auskommt. Deshalb viel Freude und eine genussvolle Auszeit beim Ausprobieren der Beauty-Rezepte!

HAFERFLOCKENMASKE

Haferflocken sind nicht nur gesund im Porridge, sondern enthalten auch natürlich pflegende und reinigende Substanzen für die Haut. Diese einfache Haferflockenmaske pflegt und erfrischt die Haut zusätzlich mit Heidelbeeren und Kokosjoghurt. Nach dem Einwirken haben die Haferflocken zudem einen leicht peelenden Effekt beim Abwaschen.

ZUTATEN
30 g Heidelbeeren
50 g feine Haferflocken
20 g Kokosjoghurt
1 EL Birnel (Birnendicksaft) oder Reissirup

1. Die Heidelbeeren in eine Schale geben und mit der Gabel zerdrücken. Haferflocken, Kokosjoghurt sowie Birnel dazugeben und alles zu einer dicken Paste verrühren. Ist die Konsistenz zu dick, noch 1 Esslöffel Wasser unterrühren.
2. Die Maske auf die gereinigte Haut auftragen und 10 bis 15 Minuten einwirken lassen.
3. Mit lauwarmem Wasser abnehmen und dabei für einen peelenden Effekt leicht kreisend in die Haut massieren.

SCHOKO-KOKOS-MASKE

Diese Maske ist feuchtigkeitsspendend und ganz einfach gemacht. Der Joghurt hat einen leicht kühlenden Effekt, weshalb sich die Maske auch gut im Sommer oder bei Sonnenbrand eignet. Ich liebe den Duft von Kokos, deshalb versetzt mich die Maske nach dem Auftragen immer in Urlaubsstimmung.

ZUTATEN
50 g Kokosjoghurt
1 EL Kokosöl
2 TL Kakaopulver

1. Den Kokosjoghurt in eine Schale geben. Das Kokosöl durch Erwärmen verflüssigen, anschließend leicht abkühlen lassen. Mit dem Kakaopulver unter den Kokosjoghurt mischen und alles zu einer glatten Creme verrühren.
2. Die Maske auf das gereinigte Gesicht auftragen und etwa 20 Minuten einwirken lassen.
3. Anschließend mit lauwarmem Wasser abnehmen.

AVOCADO-BANANEN-KUR

Diese cremige Maske eignet sich für Haut und Haare und versorgt diese mit Feuchtigkeit und pflegenden Nährstoffen. Avocado enthält Biotin und verleiht den Haaren einen schönen Glanz. Bananen sorgen für Feuchtigkeit und nähren die Haut sowie sprödes Haar. Die Menge ergibt eine Gesichtsmaske für 2 Personen oder eine Haarmaske für 1 Person.

ZUTATEN
1 kleine, reife Banane
1 reife Avocado
1 EL Avocado- oder Kokosöl

1. Die Banane schälen und zerdrücken. Die Avocado halbieren und entkernen. Das Fruchtfleisch herauslösen und ebenfalls zerdrücken.
2. Banane, Avocado und Avocadoöl gründlich verrühren. Bei der Verwendung von Kokosöl dieses vorher erwärmen, damit es flüssig ist.
3. Als Gesichtsmaske: Die Mischung auf die gereinigte Haut auftragen und etwa 25 Minuten einwirken lassen. Anschließend mit lauwarmem Wasser abnehmen.
4. Als Haarmaske: Die Mischung von der Kopfmitte bis in die Haarspitzen einarbeiten und 1 Stunde oder länger einwirken lassen. Mit lauwarmem Wasser ausspülen.

KOKOS-MINZE-KÖRPERPEELING

Das Körperpeeling mit Meersalz erfrischt und reinigt die Haut. Bei normaler Haut ist es empfehlenswert, einmal pro Woche ein Peeling zu machen. Bei dieser selbst gemachten Variante wird die Haut dank Kokosraspel und Kokosöl schön zart. Die Minze wirkt klärend und reinigend.

ZUTATEN
50 g grobes Meersalz
30 g Kokosraspel
30 g Kokosöl
20 g frische Minzeblätter
2 EL Orangensaft, frisch gepresst

1. Meersalz, Kokosraspel und Kokosöl in einer Schale mischen.
2. Die Minze waschen, fein hacken und dazugeben. Den Orangensaft dazugießen und alles gründlich verrühren.
3. Das Peeling unter der Dusche in die feuchte Haut einmassieren. Das Gesicht auslassen. Etwas einwirken lassen und anschließend mit lauwarmem Wasser abspülen. Die Haut trocken tupfen, eincremen ist nicht notwendig.
4. Sofort anwenden oder in ein Schraubglas füllen und bis zu 48 Stunden im Kühlschrank aufbewahren.

VIELEN DANK

*Mein Weg zu diesem Buch wäre ohne die wunderbaren Menschen um mich herum und meine Blog-Leser*innen sowie Follower*innen niemals möglich gewesen. Ich möchte euch allen an dieser Stelle für die große Unterstützung danken.*

Ich bin unglaublich glücklich und dankbar, dass ich dieses Buchprojekt verwirklichen konnte. Ein großes Dankeschön gilt meinen Blog-Leser*innen und Follower*innen auf allen Social-Media-Kanälen, die mich seit Beginn mit vielen positiven Nachrichten, Kommentaren, E-Mails und Messages motiviert haben, meine Kreationen zu teilen und neue Rezepte zu entwickeln. Ich lese alle Nachrichten und freue mich immer sehr über Bilder und Rückmeldung zu den nachgemachten Kreationen. Es inspiriert mich zu hören, welche Rezepte ihr mögt und welche euch bei der Umsetzung einer gesunden Ernährung helfen.

Mein Buch, mein Blog und die »Eat Good Beauty Food«-Rezepte sind zusammen mit meiner Familie, insbesondere meinem Mann Beat, entstanden. Ein großes Dankeschön für die Unterstützung bei diesem Projekt, sei es bei der Erstellung von Bildern oder bei technischer Hilfe. Auch meine drei Kinder haben mir im Hintergrund immer tatkräftig geholfen, neue Kreationen probiert und mir dabei ehrliche Feedbacks gegeben, wie es nur Kinder können.

Vielen Dank an meine Mutter Christa und meine Schwiegereltern Annemarie und Peter, die uns immer unterstützen, die »Mrs Flury«-Projekte weiterzuentwickeln. Ohne euch wäre das alles nicht möglich gewesen.

Danke an meine lieben Schwestern Andrea und Birgit, meinen Schwager Adrian, meine Nichte Anna und meine Mitarbeiterin Jeanette, die mich immer unterstützen. Vielen Dank an meine wunderbaren Freundinnen und Freunde, die mich in dieser Zeit laufend motiviert und begleitet haben.

Herzlich bedanken möchte ich mich beim Südwest Verlag, dass ihr dieses Buchprojekt ermöglicht habt. Vielen Dank an die Projektleiterin Vanessa und ihr Team, die an meinem Buch gearbeitet haben. Vielen Dank an meine Lektorin Ulrike Kretschmer, die geholfen hat, meine Texte zu überprüfen. Und ein großes Dankeschön an das Grafikteam für die tolle Gestaltung des Buchs.

Es ist mir ein großes Anliegen, andere zu inspirieren, sich gesund zu ernähren und glücklich zu leben.

ANHANG

Dieses Buch und die Ernährungsempfehlungen basieren auf persönlichen und geprüften Erfahrungen. Bei speziellen Ernährungsbedürfnissen wie Allergien, Zöliakie usw. und gesundheitlichen Fragen sollte unbedingt ein Arzt oder eine Ärztin konsultiert werden.

MRS FLURY FOLGEN

- www.mrsflury.com
- www.instagram.com/mrsflury/
- www.youtube.com/mrsflury1
- www.facebook.com/mrsflury1
- www.pinterest.ch/mrsflury/
- tiktok.com/@mrsflury

QUELLEN

- Biesalski, Hans Konrad, Grimm, Peter und Nowitzki-Grim, Susanne: Taschenatlas Ernährung. Thieme 2020
- Cornish, Abbie, und King Schiller, Jacqueline: Pescan: A Feel Good Cookbook. Abrams Books 2019
- Deutsche Gesellschaft für Ernährung: Referenzwerte für die Nährstoffzufuhr. Neuer Umschau Buchverlag GmbH 2015
- Diamond, Lily: Kale & Caramel: Recipes für Body, Heart and Table. Atria Books 2017
- Kast, Bas: Der Ernährungskompass: Das Fazit aller wissenschaftlichen Studien zur Ernährung. C. Bertelsmann Verlag 2018
- Oates, Carla: The Beauty Chef: Delicious Food for Radiant Skin, Gut Health and Wellbeing. Hardie Grant Books 2017
- Paltrow, Gwyneth: The Clean Plate. Little, Brown Books for Young Readers 2019
- Rittenau, Niko: Vegan-Klischee ade! Wissenschaftliche Antworten auf kritische Fragen zu veganer Ernährung. Becker Joest Volk Verlag 2020
- www.fedlex.admin.ch
- www.dge.de
- www.peta.de

ZUTATENREGISTER

NÄHRSTOFFREGISTER

IMPRESSUM

1. Auflage

Projektleitung: Vanessa Silbermann
Textredaktion: Ulrike Kretschmer
Korrektorat: Katharina Pöhls
Rezept- und Peoplefotos: © Doris und Beat Flury
Umschlaggestaltung, Innenlayout, Satz: Jeanne van Stuyvenberg, www.die-basis.de
Illustrationen und Icons (Umschlag und Innenteil): die basis, unter Verwendung von Illustrationen von © freepik (orchidart, piksisuperstar, onfocus) und © rawpixel
Herstellung: Elke Cramer
Reproduktion: Mohn Media Mohndruck GmbH, Gütersloh
Druck und Bindung: Livonia Print, SIA
Printed in Latvia

FSC www.fsc.org MIX Papier | Fördert gute Waldnutzung FSC® C002795

Penguin Random House Verlagsgruppe FSC® N001967
ISBN 978-3-517-10179-8
www.suedwest-verlag.de